DE GALINHA

EDITORA
NOVA
FRONTEIRA

Juliana Rosa

PREFÁCIO *Zeina Latif*

A GAVIÃO

Como impulsionar o voo da economia brasileira

EDITORA NOVA FRONTEIRA PARTICIPAÇÕES S.A.
Av. Rio Branco, 115 – Salas 1201 a 1205 – Centro – 20040-004
Rio de Janeiro – RJ – Brasil
Tel.: (21) 3882-8200

DADOS INTERNACIONAIS DE CATALOGAÇÃO NA PUBLICAÇÃO (CIP)

R788g Rosa, Juliana

De galinha a gavião: como impulsionar o voo da economia brasileira/ Juliana Rosa; prefácio Zeina Latif – Rio de Janeiro: Nova Fronteira, 2025.

192 p. ; 15,5 x 23 cm

ISBN: 978-65-5640-407-3

1. Economia brasileira. I. Título.

CDD: 330.981
CDU: 330(81)

André Felipe de Moraes Queiroz – Bibliotecário – CRB-4/2242

CONHEÇA OUTROS
LIVROS DA EDITORA:

sumário

Prefácio 7

Introdução **O acesso ao conhecimento econômico como ferramenta de transformação social** 14

1 **Os voos da galinha: como chegamos até aqui** 20

2 **A galinha na armadilha: nossa economia hoje** 39

3 **ARMADILHA #1: o desequilíbrio das contas públicas** 52

4 **ARMADILHA #2: juros altos** 88

5 **ARMADILHA #3: os desafios da educação** 109

6 **ARMADILHA #4: manicômio tributário** 125

7 **ARMADILHA #5: baixa abertura ao comércio internacional** 144

8 **ARMADILHA #6: infraestrutura precária** 159

9 **Confiança: desarmando as armadilhas** 172

Capítulo final **Voar como gavião: o que mantém a esperança viva?** 176

Referências bibliográficas 190

prefácio

Ao longo dos anos 1960 e 1970, o Brasil conseguiu deixar de ser um país de renda baixa. Nos anos 1990, conseguiu controlar a inflação com o Plano Real. Mas ainda está preso em uma armadilha de baixo crescimento.

A aceleração do crescimento dependerá do desmonte dos resquícios de dirigismo estatal que foi responsável por tornar o Brasil um país de renda média. Foi utilizado um amplo arsenal de instrumentos de intervenção direta, como nas empresas estatais, e indireta, como nas proteções e nos subsídios a setores da economia. Porém, restaram diversos instrumentos, como bancos públicos, linhas de crédito direcionado, empresas estatais e subsídios, que muitas vezes não produzem os resultados esperados. Além do elevado custo fiscal, que em grande medida levou à inflação descontrolada e à década perdida dos anos 1980, a intervenção estatal tende a alimentar o patrimonialismo e a corrupção, além de produzir ineficiências e injustiças. O modelo que tirou o país da renda baixa agora o impede de se tornar desenvolvido.

O quadro fiscal foi também impactado pela disseminação de direitos na Constituição de 1988. Apesar dos muitos méritos, o constituinte tratou o cidadão como hipossuficiente e criou direitos em demasia para vários grupos, o que pesa nas contas públicas.

Atingir o Produto Interno Bruto (PIB) per capita de país rico de forma sustentada requer ir além da acumulação de capital e trabalho. São necessários ganhos elevados e sustentados de produtividade, o que, em democracias, depende de um arcabouço institucional mais sofisticado em comparação ao modelo de dirigismo estatal.

O Brasil precisa de mais reformas estruturais para a construção de instituições pró-crescimento, ou seja, regras do jogo que permitam o bom funcionamento da máquina estatal e dos mercados. Trata-se de marcos jurídicos adequados, que garantam o direito de propriedade, a segurança jurídica para a solução de conflitos e o tratamento adequado de externalidades, de modo a estimular o "espírito animal" no setor privado. Também é necessário um sistema político-eleitoral que promova a concorrência na política, a alternância de poder e a contenção do poder de veto de grupos organizados, com o objetivo de alinhar a ação estatal às demandas da sociedade, de modo fiscalmente responsável. O Estado precisa cumprir bem seu papel fundamental– se dedicar à educação, saúde, segurança e proteção ao meio ambiente – por meio de políticas públicas que promovam a igualdade de oportunidades, com serviços públicos de qualidade, e um ambiente econômico e de negócios saudável, o que inclui responsabilidade fiscal.

O desafio de sair da armadilha da renda média é maior hoje do que foi nas décadas passadas, por conta do avanço tecnológico e da demografia menos favorável em um país que envelhece rapidamente. No Brasil, a população idosa cresce em ritmo superior à população jovem e já em 2026 a população em idade ativa (entre 14 e 64 anos) começa a encolher. Esse quadro demanda aceleração dos ganhos de produtividade, com investimentos em educação de ponta para se adequar a desenvolvimentos tecnológicos cada vez mais complexos.

Além disso, o ritmo de acumulação de fatores de produção – infraestrutura, capacidade instalada e capital humano – está abaixo da experiência de países emergentes parecidos. As restrições fiscais, a baixa efetividade da ação estatal e o Custo Brasil cobram seu preço aqui também.

Não é tarefa trivial construir instituições pró-crescimento. Exige maior amadurecimento da sociedade, principalmente das elites que influenciam as decisões da classe política e, assim, a política pública. O patrimonialismo está disseminado e não nos damos conta dos benefícios que recebemos do Estado. Os custos são difusos na sociedade, e os benefícios são concentrados em vários segmentos, que, por sua vez, reagem diante da ameaça de mudanças no status quo.

Aqui entra o papel das instituições democráticas intermediárias, como imprensa, academia e centros de pesquisa. O bom desenho de políticas públicas, incluindo os marcos jurídicos, depende da qualidade do debate público, de forma a munir a classe política, no Executivo e no Congresso, de informações necessárias na tomada de decisão. Ao mesmo tempo, o debate público contribui para enfraquecer o impacto de demandas patrimonialistas sobre a classe política e para reduzir apelos populistas na sociedade.

O papel do jornalista é nutrir o debate público, conectando especialistas, pesquisadores e acadêmicos ao cidadão e, também, à política. Trazer as diferentes perspectivas, com o cuidado de verificar a veracidade dos dados e das informações, bem como garantir a qualidade da análise feita, por meio da consulta a várias fontes.

Há muito a se avançar no debate público no Brasil, que sofre com a falta de informação técnica de qualidade, com diagnósticos dos problemas e com a indicação de ajustes necessários nas políticas públicas. Há também muito espaço para desenvolver a produção acadêmica e técnica no Brasil, bem como a educação econômica da sociedade.

O trabalho do jornalista econômico é fundamental em várias frentes. Com a apuração da notícia e o questionamento da realidade econômica do país, contribui para estimular novas frentes de estudo. O jornalista econômico também tem o papel de provocar reflexões na classe política e em formuladores de políticas públicas, além de informar a sociedade.

Eu conheci a Juliana quando ela assumiu como apresentadora do programa *Conta Corrente*, na GloboNews. Logo percebi seu esforço e seu talento para proporcionar uma boa cobertura da economia, conciliando conteúdo adequado e linguagem acessível.

Para muitos pode parecer fácil traduzir a economia para o cidadão comum. Mas não é, especialmente com a rapidez exigida pelo noticiário econômico, ainda mais na TV.

Ao contrário do que se imagina, com frequência os conceitos e as análises econômicas são contraintuitivos, ainda mais para aqueles pouco familiarizados com o tema. O atual presidente dos Estados Unidos, por exemplo, parece se guiar por sua intuição, equivocada, ao praticar uma política protecionista, ignorando toda a pesquisa econômica que mostra os ganhos das trocas comerciais entre países. Nessas situações, é ainda maior a responsabilidade do jornalista econômico. Como explicar, por exemplo, a importância da abertura comercial e do controle das finanças públicas?

Além disso, são muitas informações circulando no dia, às vezes pouco relevantes, às vezes importantes, mas distantes do dia a dia dos cidadãos. Saber filtrar o que é relevante, mostrar sua importância para as pessoas e, mais do que isso, atrair o público para o tema da economia não é tarefa fácil. Entender o que se passa com a economia do país pode ser algo prazeroso. E é esse conhecimento que a Juliana busca disseminar para conquistar seu público.

Desnecessário falar da importância do noticiário de economia como auxílio à tomada de decisão de consumidores, empreendedores e empresas. Será um bom momento para comprar dólar? Que tipo de investimento está valendo a pena? Devo fazer estoques no meu negócio? Será que devo adiar planos de ampliação de negócios e contratação de pessoas?

Trata-se também de capacitar a sociedade para o exercício da cidadania, cobrando direitos e cumprindo obrigações. A imprensa contribui para trazer as demandas da sociedade para o debate público. Além disso, o cidadão precisa estar preparado para identificar políticas públicas populistas, que muito prometem e pouco entregam – e que consomem recursos públicos. E gastos do governo em excesso acabam pesando na carga tributária e na dívida pública, para não falar do financiamento por meio da inflação.

É importante também o cidadão ter senso crítico em relação a programas de governo de candidatos a cargos executivos. É igualmente importante compreender o pensamento de políticos que almejam posições legislativas.

Com a sociedade mais conectada e participativa, a formação da opinião pública está também nas redes sociais. Além de as matérias jornalísticas muitas vezes repercutirem nas redes, o jornalista pode ser fonte segura de informação, ajudando as pessoas a desenvolverem base crítica em meio à enxurrada de notícias e fake news.

No livro, Juliana ouve suas fontes, com visões diferentes, e vai construindo um argumento amplo, em várias frentes, para o leitor compreender e refletir sobre as razões do baixo crescimento do país. São várias as armadilhas apontadas, muitas delas correlacionadas entre si, e o livro busca mostrar ao leitor a complexidade e as fragilidades do país que limitam o crescimento econômico.

Esta obra não pretende esgotar o assunto. Ela busca, de forma didática, abordar temas complexos, provocar reflexões e instigar o leitor a querer entender mais de economia. Isso é fundamental não só para a boa informação do leitor, mas, principalmente, para o bom entendimento dos problemas econômicos que se colocam para a sociedade atualmente!

ZEINA LATIF
Consultora econômica e sócia da Gibraltar

introdução:
o acesso ao conhecimento econômico como ferramenta de transformação social

Você já viu uma galinha voando? Galinhas são aves que fazem voos rasantes e curtos. Uma galinha não pode voar alto e por grandes distâncias como um gavião, nossa ave de rapina brasileira. O Brasil tem feito voos de galinha desde a década de 1980. E como é o voo de galinha? Em alguns anos, a economia voa alto e a gente pensa: agora vai! Mas, depois, vai perdendo altitude e volta para o chão. É um crescimento econômico de curto prazo que não se sustenta ao longo do tempo. Assim os anos vão passando, entram e saem governos, e o roteiro sempre é muito parecido. São anos bons seguidos por crises, um crescimento não sustentado que tem nos privado de uma qualidade de vida melhor. Mas por que não conseguimos sustentar nosso voo?

Você já deve ter feito a pergunta que não quer calar: como um país que é um dos maiores produtores de alimentos e energia limpa do mundo, com a Amazônia no território, uma riqueza cultural imensurável e um povo criativo e empreendedor não é rico? Somos ricos em oportunidades, mas a realidade é que a maioria da nossa população vive com dificuldades.

Em 2023, o rendimento médio mensal real (descontando a inflação) por pessoa em um mesmo domicílio no Brasil, incluindo todas as fontes de renda, era de R$1.848, de acordo com a *Síntese dos indicadores sociais* do Instituto Brasileiro de Geografia e Estatística (IBGE). Mas essa é uma média. Como a nossa desigualdade é uma das maiores do mundo, metade da população vivia com menos de R$1.000. E melhorar de vida é difícil. São necessárias nove gerações para que uma pessoa nascida entre os 10% mais pobres chegue à renda média nacional, segundo relatório de 2018 da Organização para a Cooperação e Desenvolvimento Econômico (OCDE). É o segundo pior resultado entre 30 países analisados, atrás apenas da Colômbia. Na média mundial, são necessárias entre quatro e cinco gerações para essa ascensão social.

A Coreia do Sul, por exemplo, tinha um nível de renda menor que o do Brasil na década de 1980 e hoje é três vezes mais rica. E por quê? Porque teve uma agenda de Estado, perseguida ao longo de décadas por governos diferentes, com avanços em questões estruturais, como educação de qualidade e indústria competitiva. Não apenas a Coreia plantou e colheu os frutos do crescimento, mas também outros asiáticos, como Taiwan, Hong Kong e Singapura.

Já o Brasil caiu em uma armadilha no final da década de 1970, com a crise do petróleo, e estamos presos nela até hoje. Sem investimentos adequados, perdemos para nós mesmos. Dentro dessa armadilha está uma série de gargalos que vem travando o crescimento do país: desequilíbrio das contas públicas, juros altos, sistema tributário pesado e complexo, baixa abertura comercial, infraestrutura precária, insegurança jurídica e baixa qualidade da educação.

O investimento tardio e insuficiente na educação de massas está na raiz da fragilidade da economia brasileira, segundo a economista Zeina Latif. No livro *Nós do Brasil*, ela diz que nosso pecado original foi ter negligenciado a educação. "O racismo provavelmente reforçou a falta de interesse. Os anos que se seguiram à abolição foram de negação da elite sobre os 350 anos de escravidão", avalia. A herança escravocrata também se faz presente nas diferenças salariais. Segundo o IBGE, em 2023, enquanto o rendimento médio do trabalho de homens brancos foi de R$4.299, homens pretos ou pardos receberam R$2.474.

Compreender a nossa realidade é fundamental para que possamos fazer escolhas melhores e mais justas. Eu sempre digo que o fácil é difícil. Para escrever este livro não acadêmico, mergulhei em diversos estudos e conversei com os maiores especialistas em cada área, que deram enorme contribuição na tradução, da forma mais simples e acessível possível, dos vários conceitos econômicos que impactam profundamente a vida de todos nós, como inflação, PIB e taxa de juros. Deixo aqui meu profundo agradecimento a cada um deles. Precisamos valorizar o conhecimento, tão desvalorizado em um mar de fake news, profetas do caos, vendedores de ilusões e até irresponsabilidade de quem deveria prezar por ela: da imprensa.

A educação se tornou a marca do meu trabalho. O orgulho das minhas origens moldou minhas escolhas. Sou filha da Suely Rosa, professora de português que dedicou a vida à defesa da escola pública de qualidade no país. Recebi dela o encantamento pela educação. E sou filha também do Aluízio Pimentel, jornalista pernambucano, que sofreu com o preconceito comum aos nordestinos neste país. Meu pai escrevia e falava muito sobre as injustiças sociais no Brasil. A justiça social é um valor caro para mim.

Como jornalista de economia há mais de 25 anos, me dedico a traduzir o "economês", tornando a economia acessível para quem não é da área. A forma complexa de explicar a economia se conecta apenas com quem já tem privilégios, alimentando um círculo vicioso que exclui a maioria das pessoas. O conhecimento é fundamental para fomentar a cidadania, a democracia e a redução de desigualdades.

Ser jornalista é uma missão de vida. Tenho orgulho e compromisso com a responsabilidade que o jornalismo tem na sociedade. Sou jornalista de economia praticamente desde o início da carreira. Comecei na área como repórter do *Jornal do Commercio*, no Rio de Janeiro, em 1998. Passei pela *Gazeta Mercantil* e pelo site de investimentos *InvestShop*, do banco Bozano. Trabalhei durante 20 anos na GloboNews, onde fui editora, repórter, apresentadora e comentarista. Em 2021, me juntei ao Grupo Bandeirantes, onde atuo como comentarista e apresentadora nas rádios BandNews e Bandeirantes, na BandNews TV e na Band TV.

Desenvolvi desde cedo uma linguagem que aproxima as notícias das pessoas, me conectando com elas através de uma conversa informal. Na construção dessa linguagem, contei com a ajuda do grande incentivador do meu trabalho, meu companheiro de vida, Nando Monteiro, historiador e músico, com experiência em salas de aulas e nos palcos. Nando veio de mãos dadas comigo até aqui, me incentivando, me ajudando e repetindo tantas vezes: “Vai dar certo! Acredite em você!”. E eu acreditei!

Juntos, trabalhamos para contribuir com a construção de um país melhor e mais justo. Temos um filho, o Gabriel, que desde cedo se mostrou sensível e justo, criado com os valores que recebemos de família. Principalmente nos dias mais difíceis, é por ele que sigo em frente. Levo muito a sério o legado que represento. Sou neta da dona Helena, grande exemplo de amor, ética, coragem e grandeza. Sou irmã da Ana Carolina e da Tatiana, que me fazem lembrar sempre de onde vim. E sou "filha adotada" dos meus sogros Zilda e Fernando, também educadores, que acolheram toda a minha família. Como diz aquela frase atribuída a Ernest Hemingway: "Quem estará nas trincheiras ao teu lado? E isso importa? Mais do que a própria guerra."

Nas trincheiras ainda, quero agradecer a você que acompanha o meu trabalho. Recebo muito carinho no supermercado, na padaria, no meio da rua, nas redes sociais. Gente que elogia, dá sugestões, diz que só entende de economia quando eu explico, agradece pela ajuda e compartilha decisões que tomou baseadas no que aprenderam comigo! Olha o tamanho da minha responsabilidade! Vocês me incentivaram a chegar até aqui. Agradeço do fundo do meu coração.

Essa missão me exigiu coragem. Mas, principalmente, esperança! Afinal, como diz o Nando, esperança é a matéria-prima do educador!

1 OS VOOS DA GALINHA: COMO CHEGAMOS ATÉ AQUI

Tem uma frase que eu gosto muito que diz: "Se você não sabe de onde veio, não sabe para onde está indo." Então, antes de entender quais são os problemas atuais do Brasil e suas possíveis soluções, é preciso saber como chegamos nesta situação de voos de galinha. Durante as primeiras décadas do século XX, a economia brasileira viveu ciclos de euforia e depressão econômica. Nós exportávamos produtos primários, principalmente o café, e importávamos produtos industrializados, e dependíamos diretamente da saúde da economia mundial para que nossa economia se mantivesse estável.

Com a devastação causada pela crise de 1929, o mundo inteiro se fechou. O Brasil enfrentou muitas dificuldades em todos os sentidos, mas principalmente para importar produtos industrializados, e, como resposta, montou-se uma estratégia de desenvolvimento baseada na substituição de importações, em especial a partir da década de 1940. Essa estratégia durou até o final dos anos 1970.

"Progressivamente, impunham-se medidas discriminatórias à importação de bens de consumo não essenciais (como eletrodomésticos e aparelhos eletrônicos) e daqueles com similar nacional", escreve o professor da PUC-Rio, Marcelo de Paiva Abreu, especialista em história econômica, em seu livro *A ordem do progresso*.

Essa estratégia era uma forma de o governo brasileiro assumir o papel de principal indutor do crescimento. Nesse período, houve um investimento pesado em infraestrutura física, como energia, transporte, portos e saneamento. "Havia quatro ou cinco estradas interestaduais asfaltadas em todo o país, o restante era terra e paralelepípedo", conta o ex-ministro da Fazenda, Pedro Malan. Foram criadas empresas estatais, como a Companhia Siderúrgica Nacional (CSN), a Petrobras e a Itaipu, e vieram para o país empresas estrangeiras, como Volkswagen e General Electric.

Na década de 1960, a indústria deu um salto impressionante de crescimento, de 111%, e, entre 1970 e 1979, de 152%, de acordo com o Instituto Brasileiro de Economia da Fundação Getulio Vargas (Ibre-FGV). Segundo o presidente do Banco Central, Gabriel Galípolo, esse foi um movimento importante.

“Nos anos 1930, o Brasil era uma grande fazenda de café, e passou a crescer 7% ao ano na década de 1960”, diz.

Malan ressalta que havia necessidade de investimentos colossais diante de uma explosão demográfica que o Brasil viveu. “Somos a terceira maior democracia de massas urbanas do mundo, depois da Índia e dos Estados Unidos. Nossa população urbana cresceu 5% ao ano de 1950 a 2012. Nenhum outro país do mundo multiplicou tanto a população urbana. O crescimento aqui foi multiplicado por 9,5, isto é, passamos de 18,7 milhões para 178 milhões de pessoas”, conta Malan.

Mas essa política tinha pelo menos dois erros estruturais que estouraram depois. Um deles foi a demora em abrir a economia brasileira para o mundo. Países asiáticos, como Coreia do Sul, Taiwan e China, também adotaram a substituição de importações e o protecionismo, mas tiveram sucesso porque, aos poucos, se abriram para o comércio internacional, tanto nas importações quanto nas exportações. “Os asiáticos foram se tornando competitivos e absorvendo a tecnologia de fora, deixando essas medidas de lado e se abrindo cada vez mais para os mercados internacionais”, explica a economista Monica de Bolle, pesquisadora do Peterson Institute.

Segundo o economista Marcos Lisboa, ex-secretário de Política Econômica do Ministério da Fazenda, o Brasil é o único país no qual a indústria nascente tem 60 anos de idade. “A indústria brasileira não foi preparada para competir globalmente, porque as políticas públicas não têm objetivos claros", diz Lisboa. A indústria automotiva internacional é um bom exemplo. O setor veio para o Brasil atraído por subsídios e essa é uma prática que dura até hoje.

Segundo Mário Mesquita, ex-diretor do Banco Central e economista-chefe do Itaú, quando um país se abstém de competir internacionalmente e fica distante da fronteira tecnológica, inevitavelmente vai ficar para trás. "A substituição de importações não pode ser algo permanente", comenta.

Outro erro apontado no programa de substituição de importações foi não ter promovido a competição, beneficiando oligopólios, uma característica ainda nos dias atuais.

O que são oligopólios?

São situações econômicas em que um pequeno número de empresas domina um mercado, ou seja, há pouca concorrência. A concentração limita a quantidade e a qualidade de produtos oferecidos e permite influência sobre os preços, prejudicando os consumidores.

Mesmo na década de 1990, ainda era difícil importar um computador. Dependendo da sua idade, você deve se lembrar disso! Peças de injeção eletrônica para carros também não podiam entrar no país, porque sua importação feria a lei de informática. "Para proteger a indústria, o plano teria que assegurar uma competição muito mais forte, para que a proteção não virasse uma captura dos benefícios das tarifas. Oligopólios reduzem os ganhos para a sociedade. A lei de informática é um exemplo típico de país que não tem competição. Não há avanço na fronteira tecnológica e o parque industrial fica limitado", afirma Fernando Honorato, economista-chefe do Bradesco.

Os investimentos na economia eram bancados com endividamento externo do governo e do setor privado, aproveitando juros internacionais muito baixos. Ou seja: o Brasil se endividou em dólar e essa dívida externa cresceu fortemente. Outra forma de endividamento foram os subsídios tributários concedidos às empresas estrangeiras, como forma de atraí-las para cá.

O que são subsídios tributários?
São reduções ou isenções de impostos e taxas para incentivar determinados setores.

O plano do Brasil de se proteger da concorrência internacional sofreu um baque com duas crises do petróleo: uma em 1973 e outra em 1978. Para se ter uma ideia, o barril de petróleo antes da primeira crise custava US$2,90. Depois da segunda, bateu US$38. Ao longo da crise, o Brasil não reduziu o plano de estímulo ao crescimento, pelo contrário. "O Brasil, ao invés de aceitar que aquele não era mais o momento de forçar o crescimento, tentou enfiar um pé 40 num sapato 38. O governo Geisel dobrou a aposta ao lançar o segundo Plano Nacional de Desenvolvimento (PND)", conta o economista-chefe da G5 Partners, Luis Otávio Leal. Com o segundo PND, a política de substituição de importações foi intensificada, o que impulsionou ainda mais a dívida externa brasileira e criou um caldeirão de crises.

Lembra que falei que a nossa dívida para bancar esses investimentos todos era em dólar? Pois é. Nesse período, o dólar se valorizou e foi necessário ter mais dólares em caixa para pagar nossa dívida. É como viajar para o exterior e colocar as compras no cartão de crédito. Se o dólar sobe muito entre a data da compra e a data do pagamento, quem quebra é você. E o Brasil quebrou. Com as crises do petróleo, a inflação mundial disparou e os Estados Unidos aumentaram os juros para 20%, fortalecendo o dólar, além de aumentar os juros dos empréstimos, o que tornou a dívida externa brasileira impagável. "Fazer dívida externa sem ter um forte comércio internacional, sem gerar dólares, é uma estratégia equivocada", diz Honorato.

O ex-ministro da Fazenda, Mário Henrique Simonsen, dizia que "a inflação aleija, mas o câmbio mata", se referindo à grande vulnerabilidade de um país que faz dívida em outra moeda. Bom, depois do crescimento exuberante até o final da década de 1970, a nossa economia desceu ladeira abaixo, e o Brasil caiu em uma armadilha, chamada "armadilha da renda média", onde estamos presos até hoje.

O que é armadilha da renda média?
É uma situação em que um país atinge um nível de renda intermediário e não consegue continuar avançando até alcançar um nível de renda alto. Vários países caíram nessa armadilha depois dos processos de urbanização e industrialização, quando houve grande transferência da população do campo para as cidades. O desenvolvimento de novas atividades, como a indústria e o setor de serviços, gera maior riqueza. Mas, encerrado esse processo, a continuidade do crescimento passa a depender de novos investimentos do setor privado e maior qualificação da mão de obra através da educação de qualidade. É preciso ter equipamentos melhores e trabalhadores mais qualificados para que seja possível ampliar a capacidade produtiva do país, o chamado PIB potencial, que é o quanto conseguimos crescer sem gerar inflação.

Algumas nações seguiram crescendo a partir dos anos 1980 e se tornaram desenvolvidas, entre elas, Coreia do Sul, Taiwan, Hong Kong e Singapura. Os asiáticos são exemplos de países que investiram em uma agenda com objetivos de Estado voltada para o desenvolvimento econômico, que foi seguida por diferentes governos, independentemente se eram de esquerda ou de direita. "No Brasil, foram deixados de lado elementos estruturais, perseguidos por décadas pelos países que avançaram. Os investimentos em educação não tiveram aqui o mesmo peso que tiveram na Coreia do Sul, por exemplo", diz Alessandra Ribeiro, sócia da Tendências Consultoria.

Segundo José Roberto Mendonça de Barros, ex-secretário de Política Econômica do Ministério da Fazenda e sócio da MB Associados, o Brasil tinha todas as condições de ter avançado. "Temos recursos naturais, uma população numerosa, talentosa. Termos perdido a oportunidade é lamentável", diz.

A crise da dívida externa só foi resolvida em 1992, com Pedro Malan, que a negociou junto às entidades internacionais a quem devíamos.

Toda essa crise gerou também um desastre bem conhecido dos brasileiros mais longevos: a hiperinflação. Para saber o que é isso, precisamos entender o que é inflação.

O que é inflação?
Inflação é a alta no nível geral de preços de forma sistemática durante um período determinado de tempo.
E o que é hiperinflação?
Quando há descontrole e aumentos rápidos de preços.

Quem viveu a hiperinflação tem memória viva do caos que era ir ao supermercado. Me lembro de acompanhar meus pais para fazer as compras do mês. Como os preços mudavam a todo instante, cada um tinha a missão de encher rapidamente um carrinho para garantir os preços mais baixos. Era uma maratona. O custo foi alto para a população, principalmente para os mais pobres. Em junho de 1994, último mês antes da implementação do real, a inflação acumulada em doze meses chegou a 4.922%. "Principalmente os jovens não têm noção do que foram aqueles anos e de como a inflação é a forma mais injusta de concentração de renda, além de desorganizar a atividade econômica", diz o economista Luiz Roberto Cunha, um dos maiores especialistas em inflação do país e ex-reitor da PUC-Rio.

O Plano Real, sem dúvida, foi um divisor de águas na nossa economia. Implementado em 1994, conseguiu dizimar a hiperinflação. "Em junho de 1994, a inflação foi de 47% em um único mês. Em julho, primeiro mês do real, foi de 6,8%. Em agosto, 2%. A população percebeu imediatamente que aquilo ali era a preservação do seu poder de compra, da sua renda", comenta Pedro Malan.

Para entender onde poderíamos estar sem o Plano Real, basta olhar para a vizinha Argentina. "Sem o real, estaríamos muito pior. De 1994 para cá, o Brasil é outro país", compara a economista Alessandra Ribeiro.

Segundo Gustavo Franco, também um dos idealizadores do Real e ex-presidente do Banco Central, muita gente defendia que a inflação era uma coisa boa. "Não dá para conversar sobre desenvolvimento quando a pessoa está iludida com uma falsa euforia provocada por uma droga. É como a inflação funciona. É uma ilusão de prosperidade. A inflação funciona como um imposto que incide sobre o dinheiro que as pessoas carregam no bolso, principalmente o pobre. O imposto sobre o pobre não pode ser a solução para o desenvolvimento", diz.

A comparação que Gustavo Franco faz da inflação a um vício se deve ao fato de que a economia brasileira funcionava a partir de uma realidade inflacionária. Havia a percepção de que ter inflação era bom para o processo de desenvolvimento. Tanto que vários bancos e empresas quebraram com o fim da hiperinflação, pois muitos de seus planos de negócios dependiam dela para continuar existindo. Muitas vezes, as empresas e o governo recebiam o dinheiro à vista e pagavam os fornecedores a prazo para deixar o dinheiro rendendo. O ganho era enorme de um dia para o outro. O governo também recebia os impostos com correção monetária. Essas diferenças eram usadas como uma forma de equilibrar as contas do governo.

Embora a inflação baixa seja condição fundamental para o crescimento sustentado, por que o Real não foi capaz de tirar o Brasil do voo de galinha? "Para nós, envolvidos no lançamento do plano, o importante era derrotar a hiperinflação, essa era a tarefa mais premente. Mas nós tínhamos muito presente que, uma vez derrotada a hiperinflação, tinham outros objetivos tão ou mais importantes para serem alcançados. O crescimento sustentado e sustentável continua sendo o grande objetivo e, associado à ele, com melhoria das condições sociais da esmagadora maioria da população brasileira", afirma Pedro Malan, um dos criadores do Plano Real.

Segundo Gustavo Franco, sair do vício não significa estar imediatamente apto a ir aos Jogos Olímpicos, disputar medalhas e ter crescimento vigoroso. "Primeiro temos que recuperar a saúde. Depois, vamos conversar sobre treinamento, dieta, tudo que é preciso para ser atleta e ganhar medalha", explica Franco.

Embora tenhamos a sensação de que damos dois passos para a frente e dois para trás, Galípolo diz que nosso processo de desenvolvimento acontece, porém de forma não linear. "A realidade impõe os planos. Muitas vezes a teoria chega depois. Nos anos 1980, ainda estávamos brigando para ter democracia. Passamos por uma moratória. Hoje temos o núcleo da inflação (que exclui itens mais voláteis) compatível com o de países desenvolvidos", avalia Galípolo.

Na mesma linha, o economista-chefe do banco BV, Roberto Padovani, explica que países que têm um mercado consumidor gigante, que é o caso do Brasil e dos Estados Unidos, é natural que a escolha seja proteger esse mercado com elevação de tarifas de importação, redução da concorrência, estímulo à produção local e a exploração de seus mercados. “Nestes casos, quando se ganha reserva de mercado, a agenda de crescimento fica em segundo plano”, analisa Padovani.

Já economias pequenas, como Singapura, que não tem um mercado interno muito grande e, portanto, o consumo é restrito, naturalmente são levadas para o ambiente global. Para concorrer com vários países, as empresas precisam ser muito competitivas e isso acaba estimulando agendas mais focadas em desenvolvimento, como educação, infraestrutura e ambiente de negócios. “Vejo que a realidade se impõe”, diz Padovani.

A ex-secretária do Tesouro e economista-chefe do Santander, Ana Paula Vescovi, diz que, se tivesse só uma ficha para impulsionar o crescimento do Brasil, colocaria na abertura comercial. O país é um dos mais fechados do mundo. “Por trás da abertura comercial está a melhora do ambiente de negócios. Competição, previsibilidade e incentivos corretos voltados para estimular a educação e a inovação são os principais ingredientes para o crescimento”, diz Ana Paula.

“É insanidade continuar fazendo sempre a mesma coisa e esperar resultados diferentes”, já dizia Albert Einstein. No Brasil, ao invés de avançar, repetimos fórmulas do passado. “Volta e meia alguém defende que a Petrobras construa navios aqui dentro do Brasil, para estimular o emprego. Mas não faz sentido, porque trazer de fora sai mais barato e a qualidade é melhor. É preciso incentivar os setores onde temos vantagem comparativa, onde o retorno dos investimentos é potencializado. Não existe cultura de avaliação de custo e benefício para a sociedade. É nisso que o Brasil deveria investir", avalia Alessandra Ribeiro.

Um fator que dificulta a construção de consensos e agendas de desenvolvimento é a fragmentação do nosso sistema político. "No México, havia três partidos e todos estavam de acordo com a entrada no Nafta, o que tornou o país exportador de mercadorias menos sofisticadas. Houve uma visão compartilhada do que seria o México do futuro", comenta Monica de Bolle.

No Brasil, é difícil um consenso com 30 partidos. Um dos principais entraves para termos políticas públicas como projeto de país e não como projeto de poder é a estrutura partidária. É fundamental que seja feita uma reforma política capaz de diminuir o número de partidos e aumentar a representatividade da sociedade. "Precisamos de partidos mais fortes que dependam menos de nomes e mais de projetos. Mas quem se beneficia do sistema atual não tem interesse na mudança", diz Luis Otávio Leal.

Para Sergio Vale, economista-chefe da MB Associados, a reforma política de 2017 já promoveu um avanço ao limitar o acesso dos partidos ao fundo partidário, vinculando ao desempenho das urnas. "Em 2018, havia 30 partidos com representação na Câmara dos Deputados. Esse número caiu para

19, sendo que os representativos mesmo são 9. Voltamos ao que era 20 anos atrás. Foi o que deu para fazer. Não é possível dar saltos", argumenta Vale.

Além do grande número de partidos, o modelo político incentiva o aumento dos gastos de forma ineficiente. O historiador José Murilo de Carvalho, no livro *Cidadania no Brasil: o longo caminho*, diz que "os benefícios sociais não eram considerados direitos de todos, mas frutos da negociação de cada categoria com o governo. A sociedade passou a se organizar para garantir os direitos e os privilégios distribuídos pelo Estado".

Nosso modelo político facilita bancadas temáticas que representam grupos restritos de interesse. "Interesses individuais se sobrepõem aos interesses coletivos", diz o economista Marcos Mendes, referência nos estudos de orçamento público e pesquisador do Insper. Segundo ele, enquanto países desenvolvidos transferem muitos recursos para os 10% mais pobres e quase nada para os 10% mais ricos, no Brasil os dois extremos recebem quase a mesma ajuda do Estado, financiados pelo contribuinte comum, que não faz parte de nenhum grupo organizado no Congresso que defenda seus interesses.

Grande parte dos políticos está sempre preocupada com as próximas eleições, não com as próximas gerações. Para isso, o objetivo é tentar empurrar a economia ao máximo, produzindo distorções que desaguam nas nossas crises.

O ex-ministro do Planejamento e diplomata Roberto Campos dizia que "o Brasil não perde oportunidade de perder oportunidades". Uma das oportunidades perdidas é o bônus demográfico, quando um país tem população em idade de trabalhar proporcionalmente maior do que o número de crianças e idosos. Segundo a economista Solange Srour, diretora de Macroeconomia para o Brasil no UBS Global Wealth Management, o fenômeno teve papel significativo para o crescimento econômico nas últimas décadas. A proporção de pessoas com mais de 60 anos subiu de 6,1% em 1980 para 15,6% em 2022. E será a maior fatia populacional do país em 2046, chegando a 28%, de acordo com o Censo Demográfico do IBGE. "O crescimento populacional é um dos fatores que levam ao crescimento sustentável de um país", diz a economista.

Estamos ficando velhos antes de ficarmos ricos. Será preciso que cada pessoa produza mais e melhor para sustentar o crescimento econômico. É a chamada produtividade, que é usualmente medida pela quantidade de produtos e serviços produzidos por horas trabalhadas, uma questão crucial no desenvolvimento econômico. Segundo o economista José Ronaldo Souza Junior, ex-diretor de Estudos e Políticas Macroeconômicas do Instituto de Pesquisa Econômica Aplicada (Ipea) e sócio da Leme Consultores, um trabalhador brasileiro produz apenas um quarto do que produz um trabalhador americano. "A diferença de produtividade é fundamental para explicar a desigualdade de renda entre os países. O crescimento da produtividade do trabalho é a forma sustentável de melhorar os salários dos trabalhadores", escrevem José Ronaldo e Cristiano da Costa da Silva no livro *O desafio da produtividade - como tirar o Brasil da armadilha da renda média*, organizado por José Ronaldo e Fabio Giambiagi.

Embora tenha havido avanços significativos na educação, com uma quase universalização do acesso ao ensino fundamental e o ensino médio se tornando cada vez mais acessível à população, a qualidade baixa e os avanços tecnológicos têm gerado falta de mão de obra. Hoje não precisa a economia crescer muito para que a gente veja um mercado de trabalho onde faltam trabalhadores em várias profissões qualificadas, mas ainda há desemprego. "Existe um desequilíbrio entre o tipo de trabalho que está sendo ofertado e o tipo de trabalho que está sendo demandado", observa Mário Mesquita.

Voltando à metáfora de Gustavo Franco sobre a importância de se preparar para virar um atleta, precisamos de um bom plano a ser seguido. Mas qual plano? Tem uma velha máxima que diz que "se três economistas forem trancados na mesma sala, com certeza haverá pelo menos quatro opiniões diferentes". Piadas à parte, isso é normal dentro de uma ciência que é social, embora tenha um pé na canoa das ciências exatas ao quantificar os movimentos humanos.

Mas será que é possível encontrar um consenso entre dois grupos de economistas com visões distintas de qual o melhor caminho para alcançar o crescimento e o desenvolvimento econômico? Estou falando dos chamados ortodoxos-liberais e dos desenvolvimentistas-keynesianos. Os economistas não gostam desses rótulos, porque pressupõem que só existem dois tipos de visão, o que não é verdade. Existem várias nuances entre o 8 e o 80.

Traduzindo as visões para você:

Na visão ortodoxa comum no Brasil, o Estado deve atuar apenas em algumas áreas, onde não há interesse do setor privado, e agir mais como regulador, oferecendo um conjunto de condições favoráveis ao investimento privado, como inflação sob controle, juros baixos, carga tributária simples e a menor possível, educação pública universal de qualidade, mão de obra qualificada, bom funcionamento da justiça, defesa da concorrência... Fatores que naturalmente vão estimular o crescimento.

Qual é o problema apontado nesse modelo: será que um mercado totalmente livre possibilita que a economia se autorregule? Uma crítica à agenda ortodoxa tradicional é ignorar que a agenda pública faz diferença na redução de pobreza e desigualdade.

Na visão desenvolvimentista, o Estado deve assumir o papel de indutor do crescimento, estimulando o consumo e fazendo investimentos, mesmo que signifique mais endividamento. A lógica é que os estímulos aquecem o consumo e o mercado de trabalho, o que leva ao crescimento das vendas das empresas até o limite de sua capacidade de produção, forçando o aumento dos investimentos privados para ampliar a oferta, gerando um círculo virtuoso de crescimento de longo prazo e aumento na arrecadação de impostos, equilibrando a dívida pública.

Qual é o problema apontado nesse modelo: quando o consumo é estimulado e os investimentos privados não respondem, a consequência é mais endividamento e mais inflação. Uma crítica comum a essa agenda é a falta de capacidade do Estado de fazer investimentos eficientes. Estudos mostram que a alocação de recursos costuma ser mais adequada quando é feita por agentes privados.

"Existe a ideia de que os desenvolvimentistas são lenientes com a inflação e os ortodoxos não pensam no emprego. O desafio que se coloca para a nova geração de economistas é cuidar do desenvolvimento, zelando pela inflação", diz Galípolo.

A busca por um caminho do meio é possível? Segundo Fernando Honorato, nos Estados Unidos e na Europa, as escolas de pensamentos econômicos diferentes dialogam muito mais entre si. "Já foi concedido Prêmio Nobel de economia para a defesa de intervenção do Estado. A rotulagem extrema é uma jabuticaba brasileira. Dependendo da situação, a resposta ortodoxa ou heterodoxa pode ser melhor", explica.

A construção de pontes em busca de convergências é importante para que o Brasil avance. Alguns movimentos vão nessa direção. "Erros do passado vêm ajudando nessa convergência. O país é muito grande e complexo do ponto de vista socioeconômico e um erro tem custo político alto. Isso vai limitando as escolhas e, portanto, criando uma agenda mais consensual", analisa Padovani.

2 A GALINHA NA ARMADILHA: NOSSA ECONOMIA HOJE

Nosso voo de galinha atualmente enfrenta um agravante: além dos altos e baixos, a altura desse voo tem sido cada vez menor. Para entender esse sobe e desce, precisamos olhar para o Produto Interno Bruto (PIB) do Brasil. O PIB é a forma mais utilizada de medir o crescimento da economia de um país.

O que é PIB?
O Produto Interno Bruto (PIB) é a soma de todos os bens (carros, máquinas, alimentos) e serviços (saúde, educação, transporte) finais produzidos durante um ano em um país.

CRESCIMENTO MÉDIO DA ECONOMIA BRASILEIRA AO ANO

Fonte: *O desafio da produtividade – como tirar o Brasil da armadilha da renda média*, organizado por José Ronaldo e Fabio Giambiagi.

1970 a 1980: 8,3%
1980 a 1991: 1,5%
1991 a 2000: 2,7%
2000 a 2010: 3,6%
2010 a 2022: 0,9%

A FOTOGRAFIA DO VOO DE GALINHA

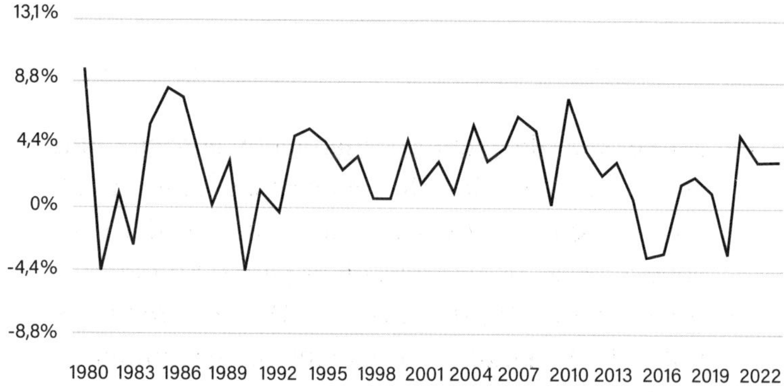

Fonte: Tendências Consultoria, construído com dados do IBGE.

No Brasil, o setor de serviços é o que tem maior peso no PIB. Serviços é um grupo amplo, que inclui serviços prestados às pessoas, como médicos, dentistas, restaurantes, salão de beleza; e serviços prestados às empresas, como segurança, limpeza, transporte, tecnologia. Em 2023, representava 67,4% do PIB.

Outros setores importantes são a indústria, com peso de 25,5%; e a agropecuária, que representava 7,1% do PIB. Também compõem o PIB o consumo das famílias e do governo, os investimentos, as exportações e as importações. Existe ainda outra forma importante de medir a riqueza de um país, que é o chamado PIB per capita.

O que é PIB per capita?
O indicador mede a produção de bens e serviços em um ano dividida pelo número total de habitantes de um país. Esse indicador mostra o tamanho da fatia do bolo se ele fosse distribuído igualmente para cada pessoa.

Claro que o bolo não é distribuído de forma igualitária. Então, um país que tenha forte concentração de renda pode ter um PIB per capita alto, sem que necessariamente essa riqueza esteja bem dividida. "O PIB per capita da Arábia Saudita é maior do que dos Estados Unidos, mas a riqueza do petróleo está concentrada na família real", explica Luis Otávio Leal, economista-chefe da G5 Partners. Ou seja: o PIB per capita é importante porque dá a dimensão de que, embora nosso PIB seja grande, nos colocando como a décima maior economia do mundo em 2024, segundo dados do Fundo Monetário Internacional (FMI), ao dividir pelo número de habitantes, é possível ver que não somos um país rico, somos uma economia média.

Para comparar a riqueza do Brasil com a de outros países, é preciso levar em consideração as diferenças de custo de vida dos países, o chamado PIB per capita por paridade do poder de compra. Exemplo: há países onde o custo de vida com alimentos, combustíveis, impostos, entre outros custos, são maiores ou menores que os nossos. Essas diferenças são levadas em conta na comparação entre os países. A revista inglesa *The Economist*, por exemplo, criou o Índice Big Mac para comparar o poder de compra entre os países, avaliando a quantidade necessária de moeda para comprar o hambúrguer do McDonald's.

Pela métrica do PIB per capita, além de o Brasil crescer pouco, o ritmo desse crescimento é mais lento do que o de outros países em desenvolvimento. Para você ter uma ideia de como fomos ficando para trás, vamos comparar como o PIB per capita por paridade do poder de compra dos países estavam em 1980 e, depois, em 2023.

PIB PER CAPITA ANUAL POR PARIDADE DE COMPRA – 2023

PAÍSES	1980	2023
Brasil	US$4,4 mil	US$21 mil
Coreia do Sul	US$2,2 mil	US$60 mil
México	US$6,4 mil	US$24,2 mil
Chile	US$3,4 mil	US$32,2 mil
Argentina	US$7,1 mil	US$29,3 mil
China	US$274	US$24,5 mil
França	US$11 mil	US$63,8 mil
EUA	US$12,5 mil	US$82,7 mil

Fonte: Tendências Consultoria com base em dados do Fundo Monetário Internacional (FMI).

Nessa comparação, o PIB per capita do Brasil cresceu 375%. O do Chile cresceu 825%. E o da Coreia do Sul, 2.569%, segundo a Tendências Consultoria. O economista Samuel Pessôa, pesquisador do Ibre-FGV, explica que o PIB per capita está associado à produtividade do trabalhador, usualmente medida pela quantidade de produtos e serviços produzidos por horas trabalhadas, que depende metade dele próprio e metade das condições do seu entorno.

Olhando para o trabalhador, a escolaridade é o fator principal que aumenta a produtividade. Quanto maior a escolaridade, maiores os ganhos de salário ao longo do ciclo produtivo. A Coreia do Sul, por exemplo, investiu fortemente em educação de qualidade. O Chile também teve uma política consistente de educação ao longo de décadas.

Já observando o entorno do trabalhador, é possível perceber que as melhores empresas em um país pobre são quase tão boas quanto as melhores empresas nos países ricos. A diferença é que no país pobre existem muitas empresas pouco produtivas, enquanto nos países ricos os improdutivos desaparecem. Por que empresas pouco produtivas não desaparecem nos países pobres? Porque há um alto nível de informalidade no país, em função dos custos pesados de formalização, como a legislação tributária e trabalhista.

"Ainda é muito alta a informalidade no Brasil, porque é caro formalizar. A reforma trabalhista de 2017 vem contribuindo para o aumento de formalização, ao permitir a terceirização de todas as atividades, o que aumenta muito a produtividade", diz o economista José Márcio Camargo, referência nos estudos sobre relações de trabalho e inclusão e economista-chefe da Genial Investimentos.

Nesse quesito, uma comparação interessante é com o México. O México fez toda a lição de casa da macroeconomia: a situação das contas públicas é bem melhor do que a brasileira, a inflação e os juros são baixos, a carga tributária não é muito alta, se integrou com o resto do mundo e, mesmo assim, embora um pouco mais rico que o Brasil, permanece na armadilha da renda média.

Segundo Samuel Pessôa, um economista mexicano estudou o enigma e publicou um livro mostrando que, nos últimos 20 anos, as empresas menos produtivas foram as que mais cresceram. E o motivo: houve mudanças nas legislações tributária e trabalhista, que premiaram os ineficientes. "E é exatamente o que acontece no Brasil, prejudicando o progresso tecnológico, a inovação e os ganhos de produtividade", diz Pessôa.

O avanço chinês desde a década de 1980 é impressionante, fruto de pesados investimentos em tecnologia, inserção global e educação. Os produtos chineses eram bugigangas nos anos 2000 e hoje eles produzem até carro elétrico.

Um país desigual

Como disse, o PIB per capita não leva em consideração a desigualdade de renda. E precisamos olhar esse quesito porque somos um dos países mais desiguais do mundo. "Países que são muito desiguais crescem menos. A desigualdade no Brasil é persistente no tempo. Isso acontece em países que estabeleceram modelos econômicos geradores de desigualdade nos primórdios de sua organização econômica", diz o economista Marcos Mendes em seu livro *Por que o Brasil cresce pouco?*.

O modelo político pós-1985, associado a condições econômicas favoráveis na economia internacional, levou à redução de desigualdade no Brasil a partir de 2001, segundo o pesquisador Marcelo Neri, diretor do FGV Social. Podemos ver isso no Índice de Gini.

O que é Índice de Gini?
É o indicador utilizado para medir desigualdade. Varia de 0 a 1. Quanto mais perto de zero, menor a desigualdade. Quanto mais próximo de 1, maior a desigualdade.

Em 2024, o Índice de Gini brasileiro estava em 0,506, o menor nível desde 2012, segundo o IBGE. "Em 2024, houve redução com o aquecimento do mercado de trabalho, em particular na base da pirâmide, em beneficiários do Bolsa Família. Ainda assim, a desigualdade permanece elevada. Estamos melhorando, mas nossa desigualdade é similar à de países africanos, como Angola e Moçambique", relata Marcelo Neri.

ÍNDICE DE GINI DO RENDIMENTO DOMICILIAR PER CAPITA – BRASIL (2012-2022)

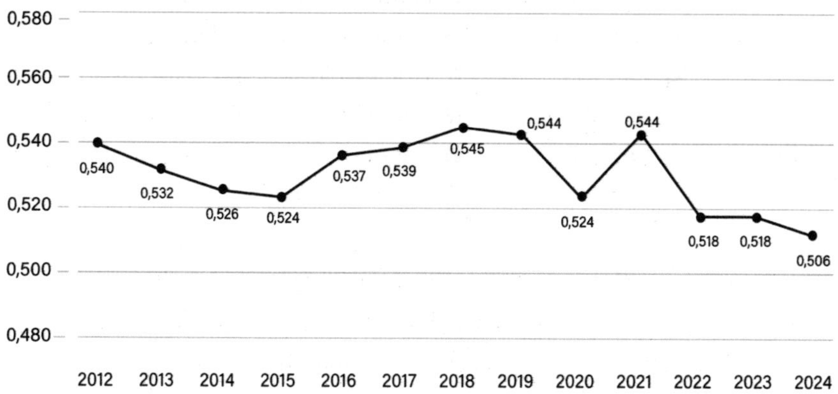

Fonte: *Síntese dos indicadores sociais – uma análise de condições de vida*, IBGE, 2024.

De acordo com o *Relatório de desenvolvimento humano 2021/2022*, publicado pelo Programa das Nações Unidas para o Desenvolvimento (PNUD), a África do Sul aparece em primeiro lugar como o país de maior desigualdade social. Entre os 15 mais desiguais, dez estão no continente africano.

RANKING COMPLETO DE PAÍSES MAIS DESIGUAIS, SEGUNDO O ÍNDICE DE GINI:

01. África do Sul
02. Namíbia
03. Zâmbia
04. República Centro-Africana
05. Essuatíni
06. Colômbia
07. Moçambique
08. Botsuana
09. Angola
10. Santa Lúcia
11. Zimbábue
12. Panamá
13. Costa Rica
14. Brasil e Congo
15. Guatemala

Mas por que somos tão desiguais? A desigualdade de remuneração entre ricos e pobres no mercado de trabalho é a principal causa imediata da alta desigualdade de renda no Brasil. Segundo o economista Marcos Mendes, no Brasil um engenheiro ganha sete vezes mais do que um carpinteiro. No Reino Unido, essa diferença é de apenas 2,1 vezes; nos Estados Unidos, não passa de 1,8; e, no Canadá, de 1,7. Ou seja: o empregado de alta renda no Brasil tem remuneração similar ao dos países desenvolvidos e pode, portanto, ter um padrão de vida similar ao dos seus colegas de outros países. Já o carpinteiro ganha muito menos do que seus colegas em outros países e tem um padrão de vida bem mais baixo do que os estrangeiros.

Essa distância entre salários no Brasil se deve a uma diferença muito grande de produtividade entre os trabalhadores de maior e menor qualificação, segundo Mendes. As pessoas que trabalham em profissões de maior remuneração tiveram condições mais favoráveis para serem produtivas: estudaram em universidades públicas que recebem muito investimento do governo, trabalham em empresas mais organizadas e vêm de famílias de maior renda, que lhes proporcionaram boas escolas e estímulos intelectuais desde o início da vida. O inverso ocorre com as pessoas de baixa renda, que estudaram em escolas de ensino fundamental de baixa qualidade, que muitas vezes não tiveram ambiente familiar propício ao desenvolvimento intelectual e trabalham em atividades informais e em empresas de organização precária.

As diferenças de renda são impressionantes. Em 2023, segundo o IBGE, o rendimento médio mensal real (descontando a inflação) por pessoa em cada domicílio, incluindo o dinheiro obtido de todas as fontes, como trabalho, aposentadoria, pensão e programas sociais, por exemplo, estava em R$ 1.848. Essa é uma média, mas a maioria recebe abaixo desse valor. Metade da população vive com menos de R$ 1.000. Os 10% mais ricos recebiam R$ 7.580, quase 26 vezes mais do que os 10% mais pobres. E o grupo 1% mais rico tinha renda, em média, de R$ 20.664, o que ressalta a nossa desigualdade.

Um estudo feito pela Tendências Consultoria mostra que a maioria das famílias brasileiras, quase a metade, pertence às classes D e E, cuja renda mensal domiciliar é de até R$ 3.300.

Classe A: domicílios com renda superior a R$24,8 mil mensais. São 3,9% do total.
Classe B: domicílios com renda mensal entre R$8 mil e R$24,8 mil. São 15% dos lares.
Classe C: renda mensal domiciliar entre R$3.300 e R$8 mil. Corresponde a 31,2% dos lares.
Classes D e E: renda mensal domiciliar de até R$3.300. Representam 49,9% dos domicílios.

Fonte: Tendências Consultoria – elaborado com dados do IBGE e do governo federal, a preços de fevereiro de 2024.

Segundo o Centro de Políticas Sociais da FGV Social, em 2023, pessoas com renda mensal de até R$307 estavam na extrema pobreza. Faziam parte desse grupo 8,3% da população, o que representa 16,9 milhões de pessoas. Embora seja muita gente, é o menor nível da história. Além do crescimento do emprego, a ampliação do Bolsa Família vem produzindo um efeito multiplicador na redução da pobreza. "A cada R$1 investido no Bolsa Família, R$1,78 retorna para o PIB. O programa faz a economia crescer e combate a pobreza, que no Brasil é principalmente infantil", diz Neri.

O baixo nível de renda da maioria da população se reflete no patamar alto de insegurança alimentar. Segundo o IBGE, a insegurança alimentar, em 2023, era realidade em 27,6% dos lares, onde 64 milhões de brasileiros não tinham pleno acesso aos alimentos necessários para suprir todas as suas necessidades.

A fome, considerada nível grave de insegurança alimentar, está presente em 4,1% dos domicílios, onde há redução de qualidade e quantidade dos alimentos entre todos os moradores, incluindo as crianças, que chegam a ficar um dia inteiro sem comer. A fome recuou nos últimos cinco anos no Brasil, mas ainda não voltou aos níveis de 2013. Segundo Neri, é inaceitável o Brasil ter esse nível de pobreza e de insegurança alimentar produzindo tantos alimentos.

Como sair dessa armadilha? Bom, os primeiros passos nós já demos: reconhecer que estamos em uma armadilha, entender como caímos nela e aonde ela nos trouxe. Agora, vamos entender quais são os principais problemas que vêm travando o crescimento do Brasil e as possíveis soluções que podem transformar a galinha em gavião!

3 **ARMADILHA #1:** O DESEQUILÍBRIO DAS CONTAS PÚBLICAS

Fernando Apparício Brinkerhoff Torelly (1895-1971), também conhecido pelo falso título de nobreza de Barão de Itararé, foi jornalista, escritor e pioneiro no humor político brasileiro. Uma de suas frases mais famosas é: "O mau do governo não é a falta de persistência, mas a persistência da falta." Diante de tantas faltas, por onde começar? Começo pela origem dos problemas: o desequilíbrio das contas públicas.

Para entender o problema do desequilíbrio das contas públicas, pense no seu orçamento: o que acontece se você ganha R$1.000 e gasta R$2.000? O destino é o endividamento, certo? E, se esse hábito se repete todos os meses, a dívida rapidamente vira uma bola de neve. É isso o que está acontecendo com o país. Mesmo com a arrecadação de impostos batendo sucessivos recordes, os gastos crescem mais do que as receitas. Em 2024, as receitas do governo somaram R$2,1 trilhões e os gastos foram de R$2,2 trilhões, ou seja, as contas públicas ficaram no vermelho (receitas e despesas primárias, excluindo juros e encargos).

Claro que um país tem maior capacidade de se endividar do que uma pessoa, mas também há problema se a dívida de um país cresce muito. Quanto mais endividado fica um país, mais arriscado ele fica e mais juros ele paga. A lógica é a mesma de um cliente bancário. A primeira vez que você pede empréstimo, o banco te cobra uma taxa. Mas, se você pede dinheiro emprestado todo mês, certamente a taxa vai ser mais alta. Ao perceber que seu risco aumentou, o banco vai te cobrar mais para emprestar.

No caso do governo, como ele é um agente econômico muito grande, a taxa de juros que ele paga faz com que o juro cobrado das famílias e das empresas também suba. Afinal, se um banco pode emprestar ao governo a 10%, por que ele emprestaria a uma empresa a 5%? Juros altos para todo mundo significa que se torna caro investir na expansão dos negócios, comprar um imóvel ou ampliar a infraestrutura pública. Isso vai reduzindo a capacidade de crescimento da economia ao longo do tempo. Para conter o ritmo de crescimento da dívida pública, o governo precisa cortar em algum lugar. Como a maior parte do orçamento é obrigatória por lei (como aposentadorias e salários), o corte acaba sendo feito nos investimentos.

O que são investimentos?
Os investimentos são tanto físicos, como em estradas, portos e saneamento, quanto em áreas intangíveis, como pesquisa e inovação. Eles funcionam como combustível para o crescimento econômico. Os investimentos públicos, combinados com os investimentos privados, são fundamentais para ampliar a capacidade produtiva de um país, o chamado PIB potencial, que, como já mencionei, é o quanto conseguimos crescer sem gerar inflação.

Como vimos, os cortes são feitos nos investimentos públicos porque eles não são obrigatórios por lei. E, como os gastos obrigatórios representam cerca de 95% do orçamento, diante da necessidade de reduzir seus gastos, o governo faz cada vez menos investimentos, limitando o potencial de crescimento do Brasil. “A rigidez do orçamento dificulta muito os gastos prioritários”, diz a economista Vilma Pinto, ex-diretora da Instituição Fiscal Independente.

De acordo com o IBGE, a taxa de investimento no Brasil, considerando público e privado, como proporção do PIB estava em 16,5% em 2023. Na América Latina, excluindo o Brasil, o valor era de 21%, segundo o Banco Mundial. O baixo investimento reflete o também baixo nível de poupança, ou seja, a sociedade (famílias, empresas e governo) tem pouca capacidade de poupar, de juntar dinheiro, e, como consequência, de investir.

O que é poupança?
Poupança é o dinheiro não gasto pela sociedade. Os recursos poupados são emprestados a quem quer investir, seja uma empresa ampliando sua produção, seja o governo aumentando a infraestrutura. A poupança de um país é formada por recursos gerados e não consumidos pelo governo, por empresas e famílias, ou seja, o dinheiro vai para alguma aplicação financeira.

A taxa de poupança do Brasil em 2023 estava em 15,4% do PIB, a menor desde 2020. Nos anos 1970, estava em torno de 23%. Foi uma queda grande. Como o governo gasta mais do que arrecada, ele tem poupança negativa, o que diminui a poupança agregada de governo, famílias e empresas.

TAXA DE INVESTIMENTO E TAXA DE POUPANÇA BRUTA DO BRASIL EM % DO PIB

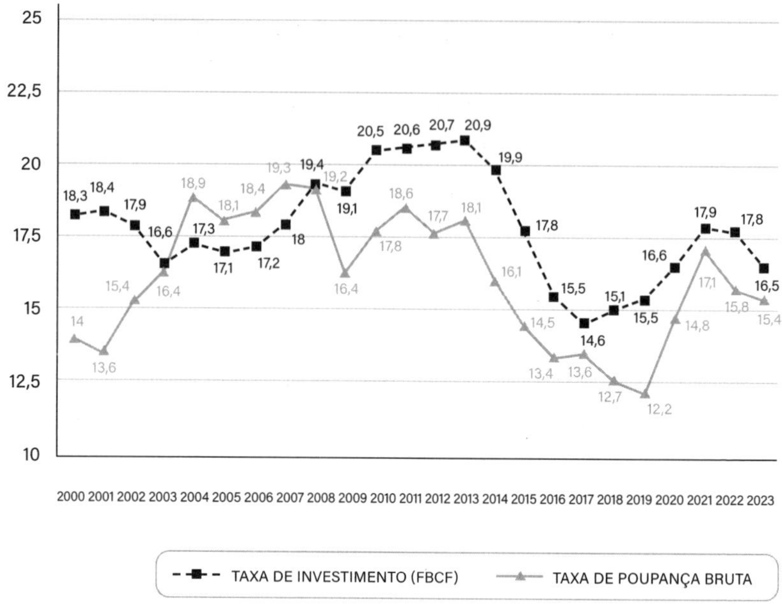

Fonte: https://biblioteca.ibge.gov.br/visualizacao/periodicos/2121/cnt_2023_4tri.pdf

O desequilíbrio das contas é um problema que se arrasta há mais de uma década, desde 2014 (com exceção de 2022, quando houve congelamento de reajustes salariais em função da pandemia). A esse desequilíbrio damos o nome de déficit primário.

O que é déficit primário?
Chamamos de déficit primário quando os gastos do país superam suas receitas. Esse cálculo não leva em conta a receita e o pagamento de juros.

O gráfico abaixo ilustra bem isso. Nele, a linha contínua mostra quando "ficamos no lucro", ou seja, as receitas foram maiores que as despesas. A tracejada é quando "ficamos no prejuízo", com as despesas maiores que as receitas.

RESULTADO PRIMÁRIO, EM BILHÕES DE REAIS (1997-2023)

Valores de 2023 em bilhões de R$ (atualizados pela inflação)

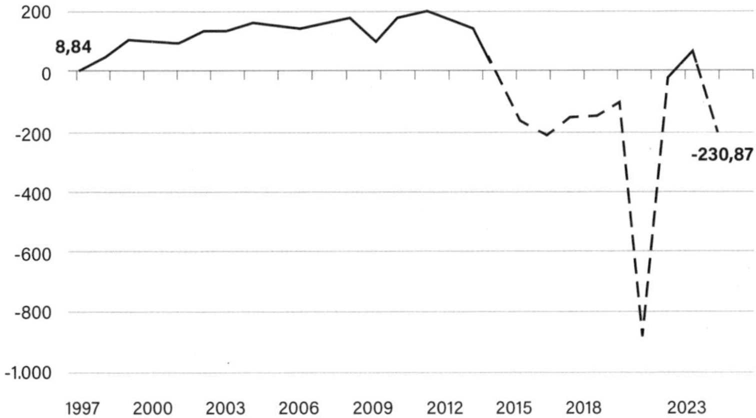

Fonte: Tesouro Nacional

E olha que a gente paga muito imposto! A carga tributária no Brasil, em 2023, estava em torno de 33% do PIB, a maior da América Latina, cuja média era de

21,5%, e similar à dos países mais ricos que compõem a OCDE, de 34%. E isso ocorre justamente porque temos que financiar um gasto público cada vez maior. No Brasil, sempre falamos que pagamos imposto de primeiro mundo e muitas vezes recebemos serviço de terceiro. E é verdade. Em países da Europa, por exemplo, a população arca com nível similar de carga tributária, mas recebe de volta serviços públicos de qualidade, como saúde, educação, segurança e transporte. A proporção que pagamos de impostos ficou tão alta que aumentar mais se tornou inviável, e, em 2007, a carga se estabilizou, mas nas alturas.

É possível ver isso no gráfico abaixo, com uma linha mostrando os impostos federais e outra incluindo todos os impostos (federal, estaduais e municipais).

CARGA TRIBUTÁRIA TOTAL E FEDERAL EM PORCENTAGEM DO PIB

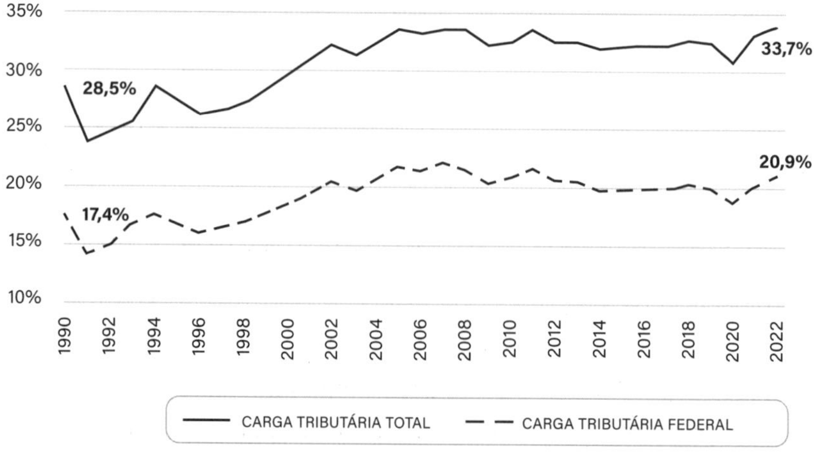

Fonte: Observatório Fiscal - Ibre-FGV.

A dívida pública da União, estados e municípios, em 2023, pelos critérios do Banco Central, estava em 74% do PIB, como você pode ver no gráfico abaixo. É bem pior que a dos países emergentes (estamos 17,2 pontos percentuais acima, segundo o Fundo Monetário Internacional). E, pelo andar da carruagem, as projeções apontam que, no ritmo em que estamos, essa diferença deve aumentar, com a dívida brasileira se aproximando de 90% do PIB antes de 2030.

DÍVIDA BRUTA EM PORCENTAGEM DO PIB

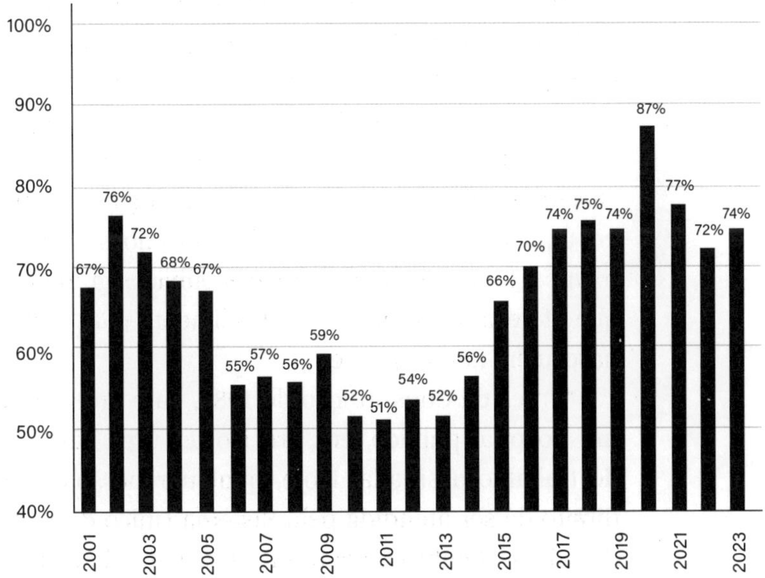

Fonte: Banco Central

A raíz da ineficiência do Estado

Como já falei aqui neste capítulo, além de gastar demais, o governo gasta mal, fazendo a gente pagar imposto de primeiro mundo e receber serviços de terceiro. De acordo com Marcos Mendes, em *Por que o Brasil cresce pouco?*, analisando a história recente, a partir da redemocratização em 1985, o gasto cresceu muito. Em 1986, as despesas públicas já eram 46% maiores do que as de 1980 (descontando a inflação) e a tendência de crescimento persiste por décadas. Em 2012, o nível de gastos já era sete vezes maior do que o de 1980.

Mas esse salto nas despesas teve um propósito: responder aos anseios da sociedade por garantias sociais, como educação e saúde universal, legitimadas na Constituição de 1988, promulgada depois do período da ditadura. Foi importante ampliar o chamado "Estado de bem-estar social", uma escolha legítima em uma sociedade tão desigual como a nossa. Certamente é fundamental ter serviços públicos gratuitos, que ofereçam condições de crescimento para quem nasceu em família pobre.

"Antes da Constituição de 1988, para entrar em um hospital público, era preciso ter uma carteira de trabalho assinada. Hoje, qualquer pessoa tem direito de ser atendida pelo Sistema Único de Saúde (SUS)", lembra o economista Felipe Salto, especialista em contas públicas e economista-chefe da Warren Investimentos.

Segundo Ana Paula Vescovi, ex-secretária do Tesouro Nacional e economista-chefe do Santander, o tamanho que deve ter o Estado é uma escolha da sociedade de cada país. "A sociedade tem a liberdade de escolher o quanto quer pagar de impostos para que o Estado ofereça serviços universais", diz.

Mas, segundo os especialistas, esse Estado de bem-estar social não levou em consideração duas questões fundamentais: a eficiência dos gastos e a capacidade de financiamento dessa estrutura de bem-estar social diante da nossa realidade econômica. "Para que haja crescimento de longo prazo, é preciso que os gastos sejam bem-feitos, que haja consistência e persistência. O que gera valor ao longo do tempo é o uso eficiente dos recursos. A sociedade deveria estar discutindo o conceito de bem-estar. Democracia, por exemplo, é um valor muito forte para nós latinos. Certamente, muita gente não aceitaria morar em um país com renda alta, mas sem liberdade", explica Vescovi.

Depois do trauma da ditadura, escolhemos um modelo que criou muitos direitos e gerou uma tendência crônica de desequilíbrio fiscal. Houve uma forte distribuição de recursos públicos focando não apenas nos mais pobres, mas também em categorias do setor público que buscam manter privilégios e entidades privadas bem organizadas que pressionam o governo e o Congresso para manterem benefícios, como subsídios tributários, criando reservas de mercado, desestimulando a concorrência, o empreendedorismo e a inovação e tirando eficiência da economia. "A Constituição puxou o pêndulo demais para o outro lado, criando uma política sem nenhuma análise de custo-benefício", avalia Marcos Mendes.

Segundo Marcos Lisboa, a sensibilidade das políticas públicas aos grupos organizados é muito alta no Brasil. "Embora estejam sendo testadas no segundo governo Trump, os Estados Unidos conseguiram criar instituições de Estado com seus freios e contrapesos que limitaram um pouco a capacidade de obter favores especiais do governo, como leis antitruste (contra formação de monopólios), regulação sobre nomeação de servidores públicos e agências de Estado para diversas atividades com mandato e independência de gestão", avalia. Como já comentei, enquanto países desenvolvidos transferem muitos recursos para os 10% mais pobres e quase nada para os 10% mais ricos, no Brasil os dois extremos recebem quase a mesma quantia do Estado, o que tem efeito concentrador de renda.

"A efetiva redução da pobreza só vai acontecer se o país crescer muito rápido. Olha a experiência internacional. Nas últimas duas décadas, mais de 1 bilhão de pessoas saiu da pobreza. E onde essas pessoas estavam? No sudeste asiático, onde as economias crescem muito fortemente. Então, é o crescimento econômico que vai incluir as pessoas. Não é possível querer que o Estado erga a qualidade de vida de todo mundo. Isso não se sustenta", comenta Mendes.

Segundo Felipe Salto, o Estado tem um papel importante nos investimentos, mas não da forma como vem fazendo. "A Coreia do Sul, que a gente adora comparar com o Brasil, avançou porque o Estado investiu muito em educação, mas também em política industrial, teve subsídio para fortalecer a indústria. Mas é preciso ter projeto, eficiência, não é investir em qualquer coisa", diz.

A (in)eficiência dos gastos

Um relatório do FMI mostra o tamanho da ineficiência dos gastos públicos. Nos investimentos feitos pelo governo em obras de infraestrutura, por exemplo, com o mesmo volume de recursos, seria possível obter 39% a mais de benefícios. O desperdício é muito maior do que a média dos países emergentes (27%).

Isso mostra que é possível garantir melhores serviços com os gastos que já temos. "Gastamos bem mais do que nossos pares na América Latina e muitos outros emergentes. Porém, frequentemente, com resultados bem piores, como na educação", comenta Marcos Lisboa.

Para o chefe da Secretaria de Monitoramento e Avaliação das Políticas Públicas do Ministério do Planejamento, Sergio Firpo, economista referência nos estudos sobre o tema, a criação da Secretaria, em 2023, foi uma sinalização de compromisso com avaliações sistemáticas para garantir o aperfeiçoamento das políticas públicas. "O nosso grande desafio é eficiência. Podemos até gastar mais, a carga tributária pode ser maior, se houver retorno para a sociedade", diz Firpo.

O secretário não gosta do termo "pente-fino", que é muito utilizado para definir um extenso trabalho de avaliação de pagamento de benefícios previdenciários e assistenciais para entender se estão produzindo seus objetivos e atingindo quem realmente precisa. "Fazemos um trabalho de correção de pagamentos, quando há necessidade, para garantir que a política pública esteja de fato atingindo o cidadão que precisa dela, ou seja, para que os recursos públicos não sejam utilizados por quem não precisa da política", explica Firpo.

Um exemplo de política pública bem-sucedida é o Bolsa Família, referência internacional em redução de pobreza. Vários estudos mostram que o programa foi capaz de reduzir a pobreza de longo prazo, ou seja, ele garante uma probabilidade maior de superação da pobreza para os filhos de quem recebe o programa. Um deles, do Instituto de Mobilidade e Desenvolvimento Social (IMDS), mostra que filhos de famílias beneficiadas pelo Bolsa Família tiveram, anos depois, quando adultos, mais chances de conseguir um emprego com carteira assinada e sair do programa.

O IMDS acompanhou crianças beneficiadas pelo Bolsa Família, com idade entre 7 e 15 anos, em 2005, e depois adultas, em 2019, quando estavam com idade entre 21 e 30 anos. Desse grupo, 64% não eram mais beneficiárias de programas sociais do governo federal e 45% acessaram o mercado de trabalho formal pelo menos uma vez entre 2015 e 2019. Quem não foi beneficiário do programa estava em piores condições de emprego.

O programa atendia, em 2024, cerca de 20 milhões de família, o que representava um terço de um total de 62 milhões de famílias do Brasil. Cada família, segundo Neri, tem em média 3,4 pessoas. O benefício médio estava em torno de R$700.

Houve um ajuste importante que permitiu que o beneficiário que consegue um trabalho formal ainda receba o auxílio por algum tempo como uma espécie de seguro para incentivar a busca por trabalho e superação estruturada da pobreza, reduzindo a insegurança de buscar emprego que havia antes desse redesenho.

"Os chefes de família com baixa escolaridade transitam de forma frequente entre o emprego formal, informal e o desemprego, diferente dos adultos com alta escolaridade, que basicamente mudam de emprego formal para outro formal. É importante que as famílias pobres não fiquem sujeitas a situações de vulnerabilidade. O programa deve ser entendido como um seguro contra a pobreza e um incentivo para a busca de trabalho", afirma Sergio Firpo.

Outra política pública de combate à pobreza é o Benefício de Prestação Continuada (BPC), uma proteção social focada em idosos acima de 65 anos e deficientes de baixa renda. Essa é uma política muito mais generosa em vários aspectos do que o Bolsa Família, sendo que as duas têm o mesmo foco: pessoas em situação de pobreza. Em relação ao valor do benefício, o BPC equivale a um salário mínimo, muito acima da assistência do Bolsa. Em 2024, o salário mínimo estava em R$ 1.412, o dobro da média do benefício do Bolsa Família. Além disso, os reajustes anuais acompanham os ganhos do salário mínimo, diferentemente do Bolsa Família, que não tem reajustes garantidos.

Os critérios para acessar o BPC permitem que mais idosos e deficientes pobres sejam assistidos do que crianças pobres. A renda permitida para a entrada no BPC é superior à do Bolsa Família e a concessão do BPC é garantida na Constituição, ou seja, todas as pessoas que estão dentro dos critérios do BPC têm o direito de receber o benefício, o que não acontece com o Bolsa Família, com liberação sujeita ao orçamento anual do governo. Dessa forma, em 2024, as concessões do BPC cresceram de forma expressiva, 15%, pressionando os limites de crescimento das despesas públicas, enquanto as despesas com Bolsa Família caíram 3,1%, segundo a Secretaria de Política Econômica do Ministério da Fazenda.

Segundo a economista Cecília Machado, especialista em políticas públicas, embora os dois programas sejam assistenciais, o BPC tem características de aposentadoria por estar direcionado ao idoso. "É importante entender que o BPC não é uma aposentadoria, é um programa assistencial focado em pobreza. A pulverização de políticas de combate à pobreza dá pesos diferentes à mesma situação. Os dois programas deveriam ser unificados", diz ela, que também é professora da Escola Brasileira de Economia e Finanças da Fundação Getulio Vargas (EPGE-FGV) e economista-chefe do banco BOCOM BBM.

Outra mudança necessária, segundo Cecília, é desvincular o reajuste do BPC ao salário mínimo. "O salário mínimo não é parâmetro para assistência social em nenhum lugar do mundo, é um critério relacionado à produtividade do trabalho. Se há ganhos de produtividade, o salário mínimo deve ser reajustado. Essa vinculação do BPC gera distorções no mercado de trabalho, incentivando a informalidade do trabalhador ao oferecer um seguro com o mesmo valor da aposentadoria de quem contribui para o INSS a vida toda", explica Cecília.

Outro exemplo de política pública mal focalizada, segundo Sergio Firpo, é a desoneração dos itens da cesta básica. Segundo ele, os estudos mostram que é uma política que de fato reduz preços e garante acesso a alimentos à população mais pobre, mas beneficia também a população mais rica. "O melhor uso dos recursos púbicos, que são escassos, seria focalizar na população que sofre com alguma insegurança alimentar", diz. Uma alternativa que chegou a ser discutida na reforma tributária foi a possibilidade de reonerar parcialmente a cesta básica e isentar apenas a população de baixa renda, mas a proposta não foi aprovada pelo Congresso.

Estudos também mostram a necessidade de mudanças no Abono Salarial, um programa que paga um salário mínimo por ano para quem recebe até dois salários mínimos por mês. É uma espécie de 14º salário, que não é focalizada nos mais pobres, podendo inclusive beneficiar jovens recém-formados de famílias de rendas maiores. "Quem ganha até dois salários mínimos está no mercado formal e está empregado. E o pobre no Brasil ou está desempregado ou está no mercado informal e não é atingido por essa política. Já temos uma política que chega nos mais pobres que é o Bolsa Família", avalia Marcos Mendes.

Também há uma discussão sobre o desenho do seguro-desemprego. Surpreendentemente, o governo gasta mais com seguro-desemprego justamente quando o mercado de trabalho está aquecido. Como é mais fácil conseguir emprego, muita gente pede demissão para ter acesso ao seguro-desemprego durante dois ou três meses, enquanto fica na informalidade e consegue aumentar a renda. Quando acaba o seguro-desemprego, volta a procurar emprego, tornando a rotatividade alta no mercado de trabalho. Isso, na verdade, não deixa de ser uma estratégia de sobrevivência diante de salários tão baixos. As regras do jogo estão distorcidas e incentivam as pessoas a maximizar suas rendas em prejuízo tanto das contas públicas quanto da manutenção mais longa do vínculo de trabalho, que seria boa tanto para a empresa quanto para o empregado.

No caso do seguro-desemprego, a solução passa pela complexa tarefa de reduzir a informalidade no Brasil, segundo Cecília Machado, que, embora venha recuando nos últimos anos, ainda é alta. Em 2024, havia 38,9 milhões de trabalhadores informais, de um total de 103,8 milhões de ocupados, segundo o IBGE. Outra mudança necessária importante, segundo ela, é o rendimento do FGTS. "Com a remuneração tão baixa, há um incentivo aos saques, que podem ser feitos quando o trabalhador é demitido. Ninguém quer esperar seu dinheiro ser corroído pela inflação", diz Cecília.

Um outro ajuste que precisa ser feito para melhorar a focalização dos programas sociais, segundo a economista Laura Muller Machado, professora do Insper, é a atualização do Cadastro Único. O Cadastro é atualizado apenas a cada dois anos, o que é muito tempo considerando que esse deveria ser o público prioritário. "O acompanhamento da população mais vulnerável deveria ser feito de maneira muito frequente e próxima", diz ela.

Capacidade de financiamento

Além da ineficiência dos gastos, também é importante que o Estado seja capaz de financiar o crescimento dos gastos. Hoje, o ritmo de crescimento dos gastos não é compatível com o nível de receitas, mesmo com o recorde de arrecadação. E olha que nem estamos falando em cortar gastos, mas fazer com que o ritmo de crescimento seja menor. "É muito difícil cortar gastos. O desafio é controlar o crescimento do gasto e ter uma agenda que enfatize a melhoria da sua qualidade", diz Marcos Lisboa.

Uma mudança recente, em 2023, que acelerou os gastos, foi a mudança da regra do salário mínimo, já que os reajustes de pensões e aposentadorias, incluindo o BPC que falei anteriormente, são indexados ao salário mínimo. Ficou difícil? Vou te explicar: indexação é quando se atrela algum reajuste a um indicador. Como no aluguel, que costuma estar indexado ao IGP-M, certo? Nesse caso, ao subir mais o salário mínimo, sobem também as aposentadorias e pensões.

As pessoas podem pensar que é bom reajustar pelo salário mínimo pensões e aposentadorias porque estão atendendo aos mais pobres, mas não necessariamente. "Estudos mostram que os aposentados do setor formal estão na classe média, não estão entre os mais pobres. Além disso, não é sustentável ao longo do tempo esse reajuste comparando com aquilo que se contribuiu", avalia Marcos Mendes.

Outra regra de 2023 que acelerou o ritmo de crescimento dos gastos foi a obrigação de aumentar automaticamente os gastos com saúde e educação sempre que aumentar a arrecadação de imposto, com a vinculação constitucional desses gastos ao aumento da receita líquida corrente. Segundo Vilma Pinto, é necessário olhar a necessidade de cada região para que haja eficiência. Há municípios com população mais idosa que podem demandar mais gastos com saúde do que com educação. E há locais com população mais jovem que podem demandar mais investimentos em educação do que em saúde. Ter uma regra que obriga repasses de verbas independentemente da necessidade cria situações comuns de desperdício, como pintar o muro de uma escola três vezes por ano apenas para cumprir as exigências da regra, sem planejamento e execução eficiente.

Gastamos tanto com o quê?

"Jabuti não sobe em árvore. Ou foi enchente, ou foi mão de gente", diz o ditado popular. Na política, essa expressão é muito usada quando se inclui um tema que distorce o sentido original de uma proposta. Pensando no orçamento público, tem jabuti que não acaba mais, ou seja, uma série de subsídios e gastos diretos que precisam ser revistos. Vou te explicar o que são subsídios e gastos diretos.

O que são subsídios?
São políticas públicas que oferecem redução de custos com o objetivo de incentivar determinadas atividades econômicas, reduzindo a arrecadação de impostos do governo.

Os subsídios devem existir quando há retorno para a sociedade. Há exemplos positivos. Um deles, segundo o economista Manoel Pires, especialista em contas públicas, pesquisador do Ibre-FGV, é a "Lei do Bem", que oferece incentivos fiscais a empresas que investem em pesquisa, desenvolvimento e inovação tecnológica. Mas, segundo ele, em geral, os subsídios são de baixa qualidade. Falta transparência sobre os benefícios das políticas e muitas são fruto de lobbies setoriais que vão se eternizando. O economista Milton Friedman dizia que "não existe nada mais permanente do que um programa temporário do governo". Segundo o Ministério do Planejamento, os subsídios, em 2023, somaram R$646 bilhões. Mas, se tudo fosse retirado, não necessariamente o governo arrecadaria esse valor. "Subsídio não é gasto efetivo, é quanto o governo abre mão de arrecadar. Se houver a retirada do subsídio, o consumo de pessoas e empresas pode ser alterado", explica Vilma Pinto.

Entre os principais subsídios estão:

» Simples Nacional (tributação favorecida de pequenas e médias empresas)

» Agricultura e agroindústria

» Deduções no Imposto de Renda (escola privada e plano de saúde, por exemplo)
» Zona Franca de Manaus
» Setor automotivo
» MEI (Microempreendedor Individual)

O Simples Nacional é um estímulo para micro e pequenas empresas poderem se formalizar. Como o próprio nome diz, o objetivo é simplificar o pagamento de impostos, reunindo tudo em uma única guia com custos menores. Pequenas empresas não têm um departamento de contabilidade para realizar todo o procedimento exigido pelo sistema tributário tradicional tão complexo e caro como o nosso.

Vários países têm sistemas tributários especiais para pequenas empresas. Qual é o problema hoje no Brasil? O Simples ganhou uma proporção gigantesca: é oito vezes maior do que a média mundial, segundo a economista Ana Paula Vescovi. "O Simples existe porque o outro lado é muito complexo", diz Vescovi.

Um dos motivos para essa distorção é que tanto o MEI quanto o Simples, e também o Lucro Presumido, passaram a ser usados por profissionais liberais. Advogados, por exemplo, em vez de serem contratados por um grande escritório de advocacia, abrem uma pequena empresa e prestam serviço para o escritório, pagando assim menos imposto do que se fosse funcionário CLT. É o efeito chamado de "pejotização". "Isso distorce a forma de as empresas se organizarem. Pessoas com maior poder aquisitivo se beneficiam do Simples, embora tenham capacidade de pagar mais impostos", explica Manoel Pires. Além disso, segundo Zeina, para não perderem o Simples, muitas empresas não querem crescer, ou abrem outro CNPJ, o que vem afetando a produtividade da economia, já que empresas maiores são mais competitivas, com ganho de escala.

Sobre os subsídios à indústria automotiva, esses vêm desde a política de substituição de importados na década de 1950, como contei lá no primeiro capítulo, lembra? A indústria automotiva fica buscando incentivos em todo o mundo. Segundo Pires, uma forma de trazer efeitos mais benéficos para o Brasil seria atrelar o subsídio à entrega de alguma meta de interesse do país, como, por exemplo, maiores investimentos em tecnologia para tornar o etanol mais competitivo. "Sem metas de desempenho, os subsídios não agregam benefício de longo prazo ao país", diz.

Depois de detalhar os subsídios, agora vou explicar sobre os gastos diretos, que representam uma parcela ainda maior do orçamento público.

O que são gastos diretos?
É tudo o que o governo gasta diretamente, sendo os valores claramente identificados.

Os gastos diretos somaram no orçamento de 2025 o valor de R$2,3 trilhões. Os dois primeiros representam 60% do total:

- » Benefícios previdenciários
- » Folha de pessoal
- » Benefício de Prestação Continuada (BPC)
- » Abono salarial
- » Seguro-desemprego
- » Bolsa Família
- » Saúde
- » Educação

Os gastos previdenciários são os maiores: representam quase metade do orçamento, somando R$1 trilhão. Em 2019, o país aprovou a maior reforma previdenciária do período da estabilização inaugurado em 1994. "A reforma foi substancial, mexeu em muitos dispositivos da Constituição e postergou em vários anos a chegada da aposentadoria de muitas pessoas", relatam os economistas Paulo Tafner e Fabio Giambiagi no livro *A reforma inacabada: o futuro da Previdência Social no Brasil*. As mudanças fizeram e ainda farão efeito na contenção do ritmo de crescimento dos gastos públicos. No entanto, com o envelhecimento acelerado da população brasileira, os especialistas explicam que outros ajustes terão que ser feitos, já que a quantidade de trabalhadores vai diminuir para sustentar um número crescente de idosos. "Estamos caminhando para uma situação de ativos na mesma proporção de inativos, o que é impossível financiar.

Temos que pensar em um novo modelo previdenciário", diz Tafner.

No modelo que temos hoje, chamado de repartição, é a contribuição das pessoas que atualmente trabalham que financia as pensões e aposentadorias. Tafner defende um modelo misto: parte repartição, parte capitalização. No modelo de capitalização, cada contribuinte tem sua própria conta e o dinheiro que poupa influencia no valor que receberá no futuro. Dentro dos benefícios previdenciários e também da folha de pessoal, destaco dois gastos desproporcionais à média do que recebe a população: militares e Judiciário.

Militares

Enquanto no regime geral da Previdência Social, as contribuições dos trabalhadores da iniciativa privada e de seus empregadores cobrem 82% das despesas, as dos militares pagam apenas 15% dos custos. "Uma previdência de militar equivale a dez Bolsas Família. Esse é um grupo que não se aposenta com menos de R$10 mil. Por que temos que dar uma subvenção tão brutal? A sociedade está pagando essa conta", diz o secretário do Tesouro, Rogério Ceron.

A folha de pagamento de militares ativos e aposentados representa 29% da folha total de pessoal do Estado brasileiro. Cerca de dois terços correspondem à despesa com inativos (reformados e pensionistas), segundo dados de 2022 presentes no livro *A reforma inacabada*, de Paulo Tafner e Fabio Giambiagi. Os militares se aposentam historicamente mais cedo do que os civis. Entre 1991 e 2001, após seu falecimento e o da esposa (se deixar viúva), a pensão ainda era estendida durante décadas para as filhas solteiras.

Apesar do fim da pensão para filhas em 2001, os militares que entraram na corporação até 2000 puderam optar por pagar uma pequena alíquota adicional para suas filhas terem direito a essa pensão. “É como contribuir com R$10 para receber R$10 mil. Continua sendo desprezível a compensação”, diz Ceron. Ou seja, uma contribuição previdenciária feita por um período gera um benefício pago durante três ou quatro décadas além daquilo que ocorre com um civil – que não transfere o benefício para os filhos adultos, dizem Tafner e Giambiagi.

Poder Judiciário

Segundo levantamento publicado em 2024 pelo Tesouro Nacional, comparando os gastos públicos com o Judiciário em 53 países, nenhum outro país teve despesa maior que o Brasil. A comparação realizada pelo Ministério da Fazenda considera dados de 2021. O Brasil gasta 1,6% do PIB com o Judiciário, o equivalente a R$160 bilhões. O valor é mais que o triplo observado nos países emergentes. Nessa conta estão todos os tribunais estaduais, regionais, Ministério Público, Supremo Tribunal Federal (STF), entre outras instâncias.

Em 2023, 93% dos juízes, desembargadores e ministros de tribunais superiores do país tiveram rendimento mensal superior àqueles dos ministros do STF, relata o economista Bruno Carazza, em seu livro *O país dos privilégios*. Enquanto o rendimento líquido de um ministro da Suprema Corte foi de R$31,4 mil, o de 1.002 magistrados brasileiros foi superior a R$83 mil. Lembrando que vivemos em um país onde metade da população vive com menos de R$1.000 por mês!

O valor inclui auxílios de toda ordem (moradia, paletó, creche, educação, livro, transporte, alimentação, saúde, funeral), além de gratificação por acúmulo de função, alocação em comarcas de difícil acesso, abono de permanência e férias de dois meses. "Há privilégios inaceitáveis que continuam sendo usufruídos, particularmente as férias de dois meses", escrevem Tafner e Giambiagi no livro *A reforma inacabada*.

No Ministério Público, corporação que detém a prerrogativa de representar judicialmente a sociedade, 91,5% dos integrantes receberam acima do teto do funcionalismo em 2023. "O déficit do Judiciário em relação ao déficit total do orçamento é baixo, representa algo entre R$3 bilhões e R$5 bilhões. Mas acabar com esses privilégios é uma questão moral", disse Ceron.

Congresso Nacional

No caso do Poder Legislativo federal, representado pelo Congresso, chama atenção o valor dos fundos eleitoral e partidário à disposição dos políticos, na casa de R$6 bilhões. E ainda o crescimento expressivo das chamadas emendas parlamentares, que já ultrapassam R$50 bilhões, um valor que foi multiplicado por sete em dez anos, considerado uma aberração. As emendas parlamentares são verbas do orçamento que deputados e senadores podem escolher onde gastar, com o objetivo de atender as necessidades específicas do estado que representam. Mas o papel clássico das emendas é fazer pequenos ajustes no orçamento.

Por exemplo: durante a execução de uma obra, ficou faltando uma pequena verba para concluí-la. O parlamentar pode fazer um ajuste e acrescentar dinheiro através da emenda. Ou ao contrário: a obra acabou e sobrou dinheiro. Pode ser feita uma emenda para redistribuir o recurso. Os ajustes são pontuais.

Hoje as emendas não cumprem esse papel, equivalem a um orçamento próprio dos parlamentares, investido em obras que não necessariamente são as prioritárias e muitas sem transparência, como as emendas Pix, que têm esse nome por serem rápidas e entrarem diretamente no caixa do estado ou município beneficiado.

É possível usar o dinheiro para construir uma praça, por exemplo, quando a cidade pode ter urgências como falta de creches. "Estamos jogando fora R$50 bilhões por ano", diz Fabio Giambiagi, referência nos estudos de finanças públicas. A lógica é eleitoral. "Os políticos não vão investir em saneamento básico porque está debaixo da terra, ninguém vê. É preferível comprar 30 tratores", exemplifica Luis Otávio Leal.

O Poder Legislativo (Congresso) passou a ter mais poder do que o Executivo (governo), resultado de um desequilíbrio do presidencialismo de coalizão. O Congresso foi transformando o orçamento que era mais "autorizativo", ou seja, que era aprovado, mas dependia da liberação ou não pelo governo, em "impositivo", ou seja, que tem obrigação de ser executado. "Com isso, o governo perdeu bastante a capacidade de planejamento e condução das políticas públicas", diz Vilma Pinto.

Segundo artigo dos economistas Manoel Pires e Carolina Resende, pesquisadores associados do Ibre-FGV, a Constituição prevê um papel ativo do Congresso na gestão orçamentária através de uma relação construtiva, o que foi completamente distorcido. O papel do Congresso é definir de forma conjunta as prioridades para alocação dos recursos, negociar valores e metas a serem atingidas e fiscalizar o governo.

Quem deve executar as políticas é o governo, que tem uma estrutura técnica e jurídica constituída pelos ministérios e pelas secretarias. Hoje, segundo Pires, o Congresso faz o trabalho de execução sem estrutura para isso, o que torna as entregas mais suscetíveis à má gestão e à corrupção.

De acordo com Salto, na Constituição tem um capítulo que prevê um plano plurianual, que deveria reunir projetos estruturantes em todo o Brasil, contendo as prioridades em cada região, servindo de norte para investimentos durante quatro anos. Mas esse plano, segundo ele, é feito só para constar, sem a menor relevância nas políticas públicas. "É preciso fazer com urgência uma reforma orçamentária. A última é de 1964. O correto seria tornar obrigatória a alocação de verbas de deputados e senadores em projetos estruturantes. Hoje eles podem gastar dinheiro em obras que não são prioritárias para o país, como uma academia ao ar livre, por exemplo, enquanto a população carece de serviços básicos", diz. Firpo também defende que as emendas parlamentares sejam vinculadas a projetos estruturantes previamente aprovados.

O déficit e a escassez de crédito privado

O déficit do governo também tem outro efeito colateral negativo: sugar o crédito disponível no sistema financeiro. Estudo feito pelos ex-secretários do Tesouro Nacional Jeferson Bittencourt e Bruno Funchal, intitulado "Sob a espada do endividamento", mostra que o governo compete com as empresas privadas pelo crédito.

"Muito se fala que o país resistiu bem ao salto da dívida em 2020. Mas os danos para o crescimento de médio e longo prazo estão postos, porque os projetos de investimento que hoje perdem a competição com o governo são os que promoveriam o crescimento anos à frente, e parcela significativa da poupança nacional segue sendo alocada no financiamento de atividades governamentais, menos produtivas do que as privadas", escrevem Funchal e Bittencourt.

O estudo mostra que, no Brasil, os governos conseguem abocanhar metade ou, às vezes, a maior parte de um montante de crédito já exíguo, ao passo que, no resto do mundo, o crédito privado, em média, é até três vezes maior que o crédito ao setor público, em um volume muito maior de crédito.

Gastos ou investimentos?

Governantes sempre argumentam que precisam investir para que possamos nos desenvolver e que, portanto, os investimentos não deveriam ser considerados gastos. Investimentos são bons gastos se forem bem-feitos, mas não deixam de ser gastos.

Portanto, para aumentar investimentos, outros gastos precisam ser cortados. Não há mais espaço para aumentar dívida e impostos. “Batemos no teto. O governo, quando pensa em agir como indutor dos investimentos, ao invés de atrair investimentos privados, acaba expulsando”, diz Luis Otávio Leal.

Com o orçamento equilibrado e a dívida menor, os juros diminuem, os investimentos privados são alavancados, a arrecadação aumenta e, aí sim, o estado pode investir mais.

Estamos endividados demais ou há exageros?

O mundo todo está muito mais endividado no pós-pandemia. Nos Estados Unidos, a dívida estava em torno de 104%, subiu para a casa dos 120% em 2024 e é provável que ultrapasse 130% do PIB no final desta década.

Essa mudança de parâmetros internacional pode dar a impressão ilusória de que também podemos nos endividar mais. No entanto, países desenvolvidos têm menos riscos, são países com economias mais estáveis e, por isso, podem ter dívidas maiores porque conseguem se endividar pagando menos juros. “Somos o lado mais fraco dessa história”, diz Marcos Mendes.

Como o mundo todo se endividou por causa da pandemia, a inflação ficou mais alta e, com isso, os juros no mundo também devem ficar mais altos por mais tempo. Isso significa juros mais altos para o Brasil também, menos investimentos e, consequentemente, menos crescimento. Diante de uma trajetória ruim de endividamento, uma piora no cenário internacional deixa o Brasil vulnerável. Lembra que falei que o endividamento brasileiro caminha para se aproximar de 90% nos próximos anos? É muito alto. “Quando tem qualquer crise lá fora, qualquer solavanco, é maior o custo de lidar com uma dívida alta”, explica Alessandra Ribeiro.

O passado nos condena e nos falta algo caro: confiança. Para frear o crescimento da dívida, o Brasil precisaria fazer um grande esforço: entregar um superávit em torno de R$ 170 bilhões. Segundo Jeferson Bittencourt, especialista em contas públicas e ex-secretário do Tesouro Nacional, o primeiro passo é estabilizar a dívida, interromper o processo de crescimento. “Depois, se a dívida se estabilizar no atual patamar, em torno de 80%, será preciso um esforço para diminuí-la”, explica.

Embora seja difícil avançar nessa pauta fiscal, alguns avanços vêm acontecendo. “As pessoas não aceitam mais a inflação, que era a forma que o governo financiava seus gastos no passado, o Tribunal de Contas da União vem se fortalecendo e foi criada a Instituição Fiscal Independente (IFI, criada em 2016 para ampliar a transparência das contas públicas através do acompanhamento dos indicadores). É um trabalho dc décadas”, avalia Marcos Mendes.

A IFI foi criada baseada no modelo do Escritório de Orçamento do Congresso dos Estados Unidos (CBO, na sigla em inglês), órgão similar nos Estados Unidos, que tem estrutura bem maior e mais força política. "O início não foi fácil. Os políticos não gostavam da gente. Não que gostem hoje, mas a convivência se tornou mais pacífica. A imprensa teve papel fundamental, dando visibilidade ao trabalho de dar transparência ao orçamento público. A IFI precisa ser mais fortalecida", defende Felipe Salto, que foi o primeiro diretor-executivo da IFI.

Segundo Zeina Latif, o Brasil é carente de uma instituição independente, como na experiência australiana, para fazer avaliação de políticas públicas. "Não temos uma instituição avaliando políticas públicas com força política e também orientando como cumprir as regras", diz ela. Temos no Brasil várias regras para as contas públicas: Regra de Ouro, que proíbe o governo de se endividar para financiar despesas correntes, como folha de pagamento; Lei de Responsabilidade Fiscal, com parâmetros de sustentabilidade da dívida, como fontes para financiar a criação de novos gastos; e o atual arcabouço fiscal, um conjunto de regras que evita o descontrole das contas públicas, impedindo que o crescimento dos gastos seja maior do que o das receitas.

"Como não temos uma governança forte, nenhuma das regras fiscais funciona muito bem. A Regra de Ouro foi perdida faz tempo, a regra do teto de gastos foi furada várias vezes sem critérios, a Lei de Responsabilidade com frequência é desrespeitada e o atual arcabouço fiscal todos sabem que não para em pé", afirma Zeina.

Jogando fora os ovos de ouro

Já tivemos algumas oportunidades de reduzir drasticamente a nossa dívida com "bilhetes premiados", como a descoberta do petróleo na região do pré-sal. Mas, recorrendo novamente à frase do economista Roberto Campos, "o Brasil nunca perde a oportunidade de perder oportunidades". Em 2007, quando o governo anunciou a descoberta das reservas, os preços do petróleo estavam supervalorizados e alcançaram US$ 140 no ano seguinte. O presidente Lula disse que o Brasil havia ganhado "um bilhete premiado, um passaporte para o futuro". A ideia do governo, na época, era direcionar a maior parte dos recursos para a educação via um fundo social. Não soubemos aproveitar o bilhete premiado e estamos hoje sentados em cima de uma riqueza cada vez menos valorizada em um mundo em transição para energias limpas. A tentativa de contornar dificuldades fiscais com esse tipo de "oportunidade" é feita por todos os governos. No governo Fernando Henrique Cardoso, parte das privatizações também foi usada para empurrar desequilíbrios com a barriga, embora tenha tido o mérito de ter criado a Lei de Responsabilidade

Fiscal e respeitado as metas de superávit primário (gastar menos do que arrecadar).

Segundo Ana Paula Vescovi, há casos de países exportadores de commodities (mercadorias negociadas internacionalmente e cotadas em dólar, como petróleo) que conseguiram se beneficiar, como Austrália, Noruega e Canadá. "São exemplos de países que aproveitaram suas vantagens competitivas e usaram os recursos de forma planejada para alcançar avanços permanentes para a sociedade", diz Ana.

Você viu ao longo deste capítulo que é complexa a busca pelo equilíbrio das contas públicas diante de tantas necessidades sociais e tantos interesses envolvidos. Mas o importante não é chegar ao equilíbrio da noite para o dia. O importante é ter um plano que leve ao equilíbrio ao longo do tempo. Por isso são essenciais as metas das contas públicas, para não perdermos o foco. "O importante da dívida não é que ela seja pequena em um ano, o que importa é o legado, a capacidade de pagamento ao longo de uma geração", diz Jeferson Bittencourt. É normal precisar sair da estrada em tempos difíceis, como na pandemia e em crises internacionais, mas depois é preciso sair do acostamento e retornar para a estrada.

4 ARMADILHA #2: JUROS ALTOS

Lembra daquele jogo Pega-Varetas? As varetas são jogadas na mesa e, para vencer o jogo, precisamos retirar uma a uma sem mexer nas outras. É uma boa metáfora que ouvi do economista Luis Otávio Leal para explicar que qualquer movimento na economia precisa ser bem dimensionado para não causar distorções indesejadas.

Os juros altos são, em grande parte, consequência do desequilíbrio das contas públicas. Como vimos no capítulo anterior, sem capacidade de se financiar através de poupança própria, o governo precisa sempre de mais empréstimos, o que eleva os juros.

O que é juros?
Juros são o preço do dinheiro. O valor é pago por quem toma dinheiro emprestado. Em países com endividamento crônico, ele tende a ser maior.

Assim, fica cada vez mais caro para o país financiar sua dívida crescente e fica caro para as empresas e as pessoas também, porque os juros cobrados do país são referência para os juros que os bancos cobram dos seus clientes. Uma alta taxa dificulta consumo, investimento produtivo, crescimento e geração de empregos. Estamos presos nesse redemoinho dos juros altos. "Às vezes é mais atrativo para a empresa colocar o dinheiro em uma aplicação financeira do que fazer investimento físico na empresa, em inovação, por exemplo", explica Alessandra Ribeiro.

Pois é. Imagine que uma indústria de cosméticos quer aumentar sua produção de maquiagens. Se aumentar a fábrica, o faturamento vai crescer em 8%. Mas aí, na hora de decidir gastar esse dinheiro na ampliação da fábrica, descobre que, aplicando esse dinheiro em um investimento (título do governo, por exemplo), o retorno será de 10%, ou seja, maior que o da ampliação da fábrica. Então, ao invés de fazer a obra, ampliar a produção de maquiagens e gerar mais empregos, o empresário prefere deixar o seu dinheiro na aplicação financeira, porque terá um ganho maior.

O alto nível da taxa de juros é uma das mais marcantes características da economia brasileira.

Além do gasto excessivo do governo, os juros também sobem porque essa dinâmica costuma gerar inflação. Com nível elevado de transferências de renda, os governos aceleram o consumo de bens e serviços acima do crescimento da oferta.

Juros e inflação: o cabo de guerra

Juros e inflação travam um perigoso cabo de guerra. A regra desse jogo funciona assim: quando a inflação sobe, o Banco Central aumenta os juros, encarecendo o crédito, esfriando o consumo e forçando a queda dos preços. O contrário, quando tem mais oferta do que consumo, o BC reduz juros para estimular as compras. Essa taxa que o Banco Central movimenta é a taxa básica de juros do país, chamada Selic.

O que é taxa Selic?
A taxa Selic é a taxa básica de juros da economia brasileira, definida pelo Comitê de Política Monetária (Copom) do Banco Central a cada 45 dias. É a principal ferramenta para controlar a inflação, sendo referência para as demais taxas do sistema financeiro, como empréstimos e investimentos.

Todo país tem o chamado "juro neutro", que nem acelera, nem desacelera a atividade econômica. Esse juro é uma espécie de piso, um patamar mínimo possível de juro que cabe em cada economia. O nosso piso já é muito alto. O Banco Central estima em 5%, descontando a inflação (dezembro, 2024). É um valor alto, quando comparamos com outros países, como o Chile, por exemplo, que tem juro neutro em torno de 1%, mas já foi o dobro no início dos anos 2000. Ou seja: tem muito a melhorar, mas já houve avanço.

O presidente do Banco Central, Gabriel Galípolo, diz que a taxa neutra de juros reflete o histórico de cada país. "Todo mundo é ser humano, mas quando você vai ao médico ele quer saber o seu histórico. Todos os países têm seus históricos, suas particularidades. No nosso caso, temos um histórico de hiperinflação, temos um sistema financeiro dos mais desenvolvidos do mundo que facilita a entrada, mas também a saída de dinheiro em momentos de aversão a risco mundial, e temos o desafio fiscal que está colocado para a nova geração de economistas, que é como cuidar do desenvolvimento do país zelando pela inflação, ter arrecadação e gastos mais eficientes economicamente e justos do ponto de vista social", analisa Galípolo.

Muitos políticos costumam criticar o Banco Central pelo excesso de juros, culpando a instituição pelo encarecimento dos investimentos e o baixo crescimento do país. Mas e se o Banco Central fosse "gente boa" e cortasse os juros mais rapidamente, sem que houvesse condições para isso? Ajudaria no crescimento? Não, por vários motivos. Primeiro, porque a Selic é uma referência, mas os juros de mercado (para a compra de carro, por exemplo) embutem outros custos, entre eles, a confiança na estabilidade econômica. Ou seja: uma percepção de risco maior eleva os juros de mercado e reduz o crescimento econômico. Além disso, cortar os juros artificialmente gera inflação, o que pode levar em seguida a uma alta ainda maior de juros, instabilidade financeira e saída de recursos do país.

Mas os juros são sempre remédio ou também podem ser veneno para a economia? Depende da dose. Um remédio na quantidade certa cura a doença. Na dose errada, mata o paciente. E como saber qual é a dose certa do remédio? Se a dose de juros estiver muito acima do recomendado, a inflação vai desabar. Caso contrário, se a inflação recuar aos poucos em direção às metas, estará na dose correta. Surpreendentemente, ter um pouco de inflação é bom para o crescimento econômico.

O que é inflação boa?

A inflação boa é previsível e baixa. Funciona como o óleo da economia, porque um pequeno aumento de preços pressupõe crescimento do consumo. Significa que a economia está crescendo. Quando é previsível, gera segurança para a geração de investimentos de mais longo prazo. Por isso, é importante que o governo defina as metas de inflação e faça sua parte para que sejam atingidas com o menor custo possível para a sociedade.

O que é inflação ruim?
A inflação é ruim quando é alta e não é previsível. Quando trabalhadores, empresas e bancos perdem a noção dos preços relativos da economia, do que é barato ou caro, e não conseguem calcular quanto será a inflação futura, se instala um clima de incertezas, que gera perdas e distribuição desequilibrada de renda e riqueza. Por exemplo: imagine que os trabalhadores negociem um reajuste salarial de 5% e a inflação à frente fique em 8%. O que vai acontecer? Os salários não vão acompanhar os aumentos de preços e as famílias vão perder poder de compra. O dinheiro não será suficiente para manter o consumo de bens e serviços do passado. Isso vai provocar queda no consumo, as empresas vão vender menos, reduzir investimentos em ampliação de capacidade produtiva e contratar menos. Esse quadro limita a capacidade de crescimento da economia. E quando os preços caem durante um longo espaço de tempo? Isso é bom ou ruim?

É o que chamamos de deflação.

O que é deflação?
É um processo em que há queda persistente de preços. Parece bom que produtos e serviços fiquem mais baratos, né? Mas aqui o bom é inimigo do ótimo. É bom ter reduções de preços em um mês ou outro, mas a queda persistente

é ruim. Os estudos mostram que é mais difícil reverter um processo deflacionário do que um processo inflacionário. A queda do consumo é retroalimentada quando se tem deflação, porque os consumidores vão adiando as compras esperando que os preços caiam mais. As empresas também adiam investimentos à espera de uma oportunidade melhor. É um círculo vicioso difícil de combater. Um país que ficou conhecido por ter ficado preso durante uma década na armadilha da deflação foi o Japão.

Voltando ao nosso cabo de guerra: não existem outras formas de controlar a inflação além da alta de juros? A política monetária (juros) é o instrumento de curto prazo mais eficaz para controlar a inflação. Mas é um instrumento que tem seus limites. Se o equilíbrio das contas públicas não ajuda, o efeito dos juros perde potência, levando à necessidade de mais elevações. O equilíbrio fiscal garante que os juros estruturalmente fiquem mais baixos. Se as contas estão em ordem, o dólar tende a ser mais baixo, ou seja, o real se fortalece, o que alivia a inflação. Mas qual é a relação do dólar com a nossa inflação? A moeda é americana, mas vários preços aqui dentro do Brasil são cotados em dólar, como alimentos que são exportados e importados, as chamadas commodities, como carne, soja, milho, trigo; insumos agrícolas, como adubos e fertilizantes; petróleo e combustíveis; dentre outros.

Já tivemos tentativas ruins de controlar a inflação através de controle de preços. O governo já tentou reduzir o preço do arroz, por exemplo, importando o cereal para vender mais barato e forçar os produtores internos a baixarem os preços, o que não deu certo. O abastecimento de produtos e serviços é feito pelo mercado. Se o governo reduz o preço do arroz, os agricultores vão parar de produzir arroz. "O governo tem que oferecer condições para o mercado funcionar. Se melhorar o sistema tributário e o ambiente de negócios, os custos de produção vão diminuir", afirma Solange Srour.

Uma questão que muita gente comenta é que muitas vezes a inflação oficial está baixa, mas a sensação no bolso é maior. Você sabe por quê? Porque o índice de preços é feito a partir de uma cesta de consumo média, que representa todo mundo, mas não representa ninguém. Se tem deflação do tomate e eu não como tomate, essa deflação não chega para mim. Já se o chuchu sobe e eu gosto de chuchu, vou sentir mais a inflação. Depende da sua cesta de consumo. Além disso, os salários muitas vezes não sobem na mesma proporção da alta dos preços.

O maior juro do mundo

É difícil entender por que temos um dos maiores juros do mundo, acima até de países envolvidos em conflitos geopolíticos, como a Rússia. Em janeiro de 2025, ficamos em primeiro lugar em um ranking mundial com quarenta países, levando em consideração os juros reais, que descontam a inflação prevista para os 12 meses seguintes. Abaixo, destaco os dez primeiros lugares.

TAXA DE JUROS REAIS (% AO ANO)

1	Brasil	9,18%
2	Rússia	8,91%
3	Argentina	6,14%
4	México	5,52%
5	Indonésia	5,13%
6	Colômbia	5,01%
7	República Tcheca	3,30%
8	África do Sul	2,95%
9	Filipinas	2,57%
10	Hong Kong	1,99%

Fonte: MoneyYou.

Confiança

No dicionário, a palavra confiança tem algumas definições:

Credibilidade ou conceito positivo que se tem a respeito de alguém ou de algo; crédito, segurança; crença ou fé de que determinadas expectativas se tornarão realidade.

E é justamente a falta de confiança que explica nossa liderança no ranking mundial de taxas de juros. Sem confiança no equilíbrio das contas públicas, podem subir as expectativas de inflação e há a necessidade de juros mais altos. Lembra que juros é o preço do dinheiro? Também pesam nos juros outros quesitos, como carga tributária muito elevada, insegurança jurídica, ambiente de negócios pouco atrativo para investimentos e potencial baixo de crescimento do PIB.

No Brasil, se fala muito que os juros embutem um ganho exagerado pedido pelo mercado financeiro. "Existe uma pressão dos rentistas", diz o economista Antônio Corrêa de Lacerda, professor da PUC-SP. Os rentistas são todos os brasileiros que têm alguma aplicação financeira, mas nem todo o mercado financeiro ganha com juros altos. A Bolsa de Valores e o mercado de capitais sofrem quando os juros sobem.

O economista Marcos Mendes diz que, se os juros estivessem exageradamente altos, a inflação estaria muito baixa. E, pelo contrário, a inflação está sempre querendo fugir para cima. "Essa é a prova do pudim", define Marcos, se referindo a um provérbio que significa que só se pode julgar o valor de algo pela experiência prática, ou seja, só provando o pudim pra saber se ele está bom. Galípolo também diz que não há exagero na taxa de juros e que reflete as condições e características do mercado brasileiro. Para o ex-presidente do Banco Central Armínio Fraga, o que falta mesmo é apoio fiscal: "Esse é um tema relevante há bastante tempo. O Brasil é um caso extremo. Vários fatores explicam os juros altos, como as baixas taxas de poupança pública e privada. No curto prazo, a política fiscal insustentável sobrecarrega a política monetária e pressiona os juros. E há um prêmio de risco inflacionário que se mantém relevante."

Para decidir a taxa básica de juros do país, a Selic, o Banco Central leva em consideração não apenas a inflação atual, mas as expectativas para o futuro. Por quê? Expectativa vira realidade. Se as expectativas sobem porque as empresas não confiam que a inflação vai ser baixa no futuro, como forma de se protegerem, já começam a reajustar os preços agora.

Por isso, é importante a confiança de que o Banco Central tem o compromisso de manter a inflação dentro das metas. Desde 2021, a instituição tem autonomia formal, por lei, que estabelece que o presidente e os diretores têm mandatos fixos de quatro anos, não coincidentes com o do presidente da República, de forma a blindar o BC de interferências políticas, oferecendo maior independência técnica.

A principal pesquisa do Banco Central para medir as expectativas é o Relatório Focus, que ouve semanalmente cerca de 170 instituições financeiras e não financeiras. "A pesquisa é importante porque mostra como os preços serão formados. Não adianta você não concordar com o mercado financeiro se é ele que forma os preços que viram realidade. Costumo comparar a um concurso de beleza. Não importa quem você acha a candidata mais bonita. Vai vencer aquela que cumprir uma série de requisitos. Temos que responder não ao que achamos, mas como as coisas funcionam", explica Galípolo.

Muita gente questiona se o Banco Central não deveria ampliar a pesquisa e ouvir além do setor financeiro. Segundo Galípolo, a lista de participantes da pesquisa semanal vem aumentando para trazer uma visão mais diversa da economia. Em 2024, entre os participantes, estavam bancos, gestoras de recursos, empresas não financeiras, consultorias, associações de classe e fundos de previdência. Uma outra pesquisa está sendo preparada para ampliar o escopo de previsões. Além disso, as pesquisas são parte de uma ampla gama de informações que são levadas em consideração nos modelos do Banco Central.

Há a percepção de que o sistema financeiro é mais pessimista do que a média da sociedade, levando o Banco Central a manter os juros em patamar elevado. Mas um levantamento mostra exatamente o contrário. Em maio de 2024, a consultoria AC Pastore investigou se as expectativas de inflação tendem sistematicamente a superestimar a inflação observada, ou seja, se há um erro persistente para cima. O resultado mostrou que a inflação esperada costuma ficar abaixo da inflação observada.

Por que o crédito bancário é tão caro?

Essa é outra questão intrigante: por que as taxas de juros que os bancos cobram da gente são sempre muito maiores que a taxa Selic? Enquanto a taxa Selic, em dezembro de 2024, estava em 12,25%, a taxa média no crédito às pessoas físicas era de 53,1% ao ano, segundo o Banco Central. É o chamado spread bancário, a diferença do custo de captação do dinheiro pelos bancos e o valor que é repassado para o tomador de crédito.

Estudo do Ipea de 2022 de Napoleão Luiz Costa da Silva, Eduardo Pontual e Ricardo Dias Brito aponta que o crédito no Brasil tem custo elevado na comparação mundial. No primeiro trimestre de 2023, o spread bancário era de 32%, enquanto a média da OCDE (composta por 38 países) era de menos de 4%.

Por que há tanta diferença? Primeiro, porque o custo de captação é alto. O ponto de partida é a Selic, a taxa básica de juros de curto prazo, e em cima dela se embute o risco de quem está tomando crédito, o prazo e outros custos. A referência dos bancos para calcular a taxa de empréstimo são as projeções para os juros no futuro, refletidas nos títulos da dívida do governo.

Por exemplo: se você compra um título do Tesouro Direto, com vencimento daqui a dez anos, você não vai ter a Selic como referência de rentabilidade, mas os juros previstos para daqui a dez anos. Olha o risco aqui de novo! Se os investidores confiam que o governo é comprometido com a inflação baixa, a projeção de juros no futuro é menor. Se não confiam, se veem risco, os juros previstos são maiores, encarecendo o custo de crédito para o governo, as pessoas e as empresas. Para emprestar, os bancos captam a juros de mercado, que podem estar muito pressionados por causa da dívida pública alta.

Além dos juros de mercado, os bancos embutem nas taxas aos clientes vários outros custos, segundo o Indicador de Custo do Crédito (ICC), medido pelo Banco Central, com os seguintes pesos:

» Custo de captação: 32,7% (juros de mercado);
» Despesas administrativas: 19% (funcionários, agências...);
» Margem financeira: 13,9%;
» Inadimplência: 19,7%; e
» Tributos e Fundo Garantidor de Crédito: 14,7%.

Fonte: *Relatório de economia bancária 2022* – Banco Central.

A partir desse detalhamento, além do alto custo de captação que mencionei acima, que são os juros de mercado, destaco dois fatores que destoam em relação à média internacional: o peso dos impostos e o nível de inadimplência. No caso da inadimplência, existe uma enorme insegurança jurídica e a recuperação das garantias pelos bancos é muito baixa no Brasil, em torno de 20%. No Chile, por exemplo, a recuperação é em torno de 50%. Ou seja: você pega um crédito, oferece seu carro como garantia em caso de não pagamento, por exemplo, mas a execução dessa garantia, além de difícil, é lenta, com processos na justiça que levam, em média, 4 anos. "Um setor bancário que só recupera 20% das garantias que tem não recupera nada. Isso se reflete no custo da inadimplência, no risco de crédito e no preço traduzido pelos juros", me disse o presidente da Federação Brasileira de Bancos (Febraban), Isaac Sidney, em entrevista ao meu programa *Economia pra Você*, na BandNews TV e Rádio, em outubro de 2023.

O Congresso brasileiro aprovou, em 2023, o Marco Legal das Garantias, que, entre outras medidas, facilita a recuperação de garantias em operações de crédito. "O Marco Legal permite que a busca e a apreensão sejam extrajudiciais. Então, há outros mecanismos via cartórios ou empresas de recuperação de crédito que podem fazer com que essa recuperação seja mais célere e efetiva", explicou Isaac Sidney.

O Marco Legal das Garantias também permitiu uma mudança relevante no crédito imobiliário. Hoje se você faz um empréstimo imobiliário e oferece o imóvel como garantia, se o valor do imóvel é maior do que o da dívida, ele pode ser oferecido como garantia também para outro empréstimo, a garantia pode ser fracionada. O crédito imobiliário já teve crescimento significativo por causa de outra mudança estrutural, a alienação fiduciária, que permite ao comprador de um bem exercer a posse, mas o bem pertence à instituição financeira até que a dívida seja integralmente quitada.

Quando se tem um mercado de crédito com segurança na recuperação de garantias, o custo da inadimplência diminui, assim como o risco e os juros. Uma prova é o crédito consignado, criado em 2003, que tem garantia de recebimento, com desconto direto na folha de pagamento para quem tem carteira assinada no setor privado, servidores públicos e beneficiários do INSS, e tem o menor juro no crédito bancário, como você pode ver nos dados abaixo.

JUROS COBRADOS DE PESSOAS FÍSICAS (AO ANO/DEZEMBRO 2024)

Média	53,1%
Crédito pessoal	103,4%
Cheque especial	134,8%
Crédito pessoal consignado	24%
Cartão de crédito	451,6%

Você vê que as taxas ainda são altas, apesar do trabalho que vem sendo desenvolvido pelo Banco Central com o objetivo de reduzir custos para famílias e empresas, e também ampliar o acesso ao crédito e tornar o sistema financeiro mais dinâmico e eficiente. Desde 2016, as diretrizes de atuação foram sistematizadas na chamada Agenda BC+. Em 2019, a agenda foi ampliada, com o nome Agenda BC#, incluindo medidas de incentivo à inovação, digitalização, concorrência e modernização do mercado financeiro e de pagamentos.

Nesse sentido, vale destacar também o Cadastro Positivo, em 2019, que passou a incluir automaticamente todas as pessoas com nome limpo na praça (antes só havia cadastro dos inadimplentes), reduzindo, em média, 10% do custo nas operações de crédito pessoal não consignado.

A situação mais grave é do rotativo do cartão de crédito, cobrado de quem não paga a fatura integral na data de vencimento. Diversas medidas vêm sendo tomadas para amenizar o problema, mas ele ainda é gigantesco.

Uma regra estabelecida pelo Banco Central, vigente desde 2017, impede que o cliente fique no rotativo por mais de 30 dias. Então a taxa divulgada pelo BC, embora seja anual, só pode ser cobrada no primeiro mês. Se, após 30 dias, o cliente entrar novamente no rotativo, o banco é obrigado a parcelar o saldo devedor com taxa inferior, que estava em 171,1% ao ano em dezembro de 2024.

E, desde julho de 2024, o Conselho Monetário Nacional autorizou a portabilidade do crédito rotativo. O objetivo é que as pessoas tenham a possibilidade de levar o saldo da dívida do cartão de crédito de uma instituição para outra, e isso estimule a oferta de melhores condições aos clientes.

O cartão de crédito no Brasil tem importância maior do que em qualquer outro país. Segundo a Federação Brasileira dos Bancos (Febraban), cerca de 40% do nosso consumo é feito com ele. Nem nos Estados Unidos, economia mais rica do mundo, se usa tanto cartão. Os americanos fazem 28% das compras no cartão; os chilenos, 22%; e os mexicanos, 6%. A grande maioria dos brasileiros, 75%, não entra no rotativo, consegue quitar a fatura na data do vencimento. Porém, dos 25% que entram no rotativo, metade fica inadimplente, obviamente os brasileiros de menor renda. Com taxas de juros estratosféricas, a bola de neve da dívida cresce rapidamente.

Além de caro, o acesso ao crédito no Brasil é reduzido. Segundo o Banco Central, em dezembro de 2024, o crédito bancário em relação ao nosso PIB estava em 55%. Para comparar com outros países, segundo o economista Ricardo Brito, professor da FEA-USP, podemos usar o dado de dívida corporativa não financeira do Banco Mundial, que leva em consideração todos os tipos de crédito, além do bancário, como os relacionados ao mercado de capitais. No Brasil, a dívida das empresas estava em 48,2% do PIB. No Chile era mais que o dobro, 110,2% do PIB. E a média dos países da OCDE também se situava bem acima da nossa, em 102,7% do PIB. O crédito é como o oxigênio da economia. Isso significa que, se um grupo de setores, empresas ou pessoas não consegue ter acesso a crédito, o seu desenvolvimento é limitado e, por vezes, sua sobrevivência é ameaçada. "É como um tecido que pode necrosar na falta de oxigênio", escrevem Otávio Damaso, Antônio Marcos F. Guimarães, Sergio Mikio Koyama e João André C. M. Pereira, no livro *O desafio da produtividade*.

O fato de o volume de crédito bancário ser pequeno em relação à média mundial também pesa no custo do crédito, já que existe um custo fixo alto que precisa ser remunerado, para uma base de clientes que não é tão alta assim. O motivo é que o país é muito desigual e muitas pessoas não têm renda suficiente para acessar o mercado de crédito.

Estímulo à concorrência

Uma ação importante para reduzir as taxas de juros ao consumidor é o estímulo à concorrência bancária. Um estudo sobre a estrutura de mercado e concorrência nos sistemas bancários da América Latina mostra que o Brasil apresenta o menor índice de competição. As mudanças regulatórias vêm fortalecendo o ambiente competitivo e a inovação.

Em 2018, o Banco Central abriu o mercado para novas instituições financeiras competirem com os bancos tradicionais no mercado de crédito, as chamadas *fintechs*. Embora as *fintechs* tenham baixa representatividade em termos de ativos totais no

Sistema Financeiro Nacional, as novas regras permitiram o surgimento de empresas.

Outra medida de estímulo à concorrência merece destaque: o Open Finance. O nome, em inglês, quer dizer sistema financeiro aberto, porque permite que os clientes bancários compartilhem suas informações entre diferentes instituições autorizadas pelo Banco Central, com o objetivo de conseguir produtos e serviços mais baratos e que facilitem sua vida. A legislação sobre proteção de dados contribuiu para pavimentar essa iniciativa. O compartilhamento de dados começou a funcionar gradualmente a partir de junho de 2020. Antes disso, os dados dos clientes ficavam em posse de grandes instituições, dificultando que a concorrência, sabendo seu histórico como cliente bancário, pudesse fazer uma oferta melhor.

"O Open Finance mudou a forma de as pessoas se relacionarem com o sistema financeiro. Através do aplicativo do banco, você pode consentir que a instituição conheça a sua vida financeira. A partir daí, taxas mais competitivas e serviços mais personalizados podem ser oferecidos. Mais de 32 milhões de brasileiros e empresas já compartilharam seus dados", me disse a diretora do Banco Central, Carolina de Assis Barros, em entrevista ao meu programa na BandNews TV e rádio em 27 de dezembro de 2024.

A partir dessa iniciativa, houve avanços na eficiência e na agilidade do sistema, como a possibilidade de abrir conta de forma totalmente digital e a portabilidade de crédito, que permite levar uma dívida de uma instituição para a outra. Estudo de 2022 publicado no *Relatório de economia bancária* do BC mostrou que, no segmento em que a portabilidade de crédito estava largamente implementada, houve redução de 5% na taxa de juros final para o consumidor.

A criação do Pix é outro avanço de peso. Segundo o Banco Central, o Pix surpreendeu e se tornou o meio de pagamento mais utilizado pelo brasileiro quatro anos depois do lançamento, ao reduzir custos com tarifas de transferências e taxas de administração das maquininhas. Além de ser um meio de pagamento instantâneo e barato, o maior legado à sociedade é ser uma ferramenta de inclusão financeira, ao bancarizar mais de 70 milhões de pessoas.

Há outras medidas sendo desenvolvidas no âmbito de novas tecnologias que têm o potencial de acelerar o crescimento do mercado de crédito e a produtividade da economia, aumentando o potencial de crescimento do país. Mas essa é uma agenda que precisa caminhar junto com o trabalho estrutural de reduzir a taxa básica de juros do país, componente fundamental no custo do crédito.

5 ARMADILHA #3: OS DESAFIOS DA EDUCAÇÃO

Juliana, presente! Falar de educação é muito significativo e emocionante para mim, que pertenço a uma família de educadores, e que desenvolvi todo o meu trabalho como jornalista de economia com foco na educação. Aqui, minha mãe, Suely Rosa, está mais presente do que nunca. Professora de português, levantava cedo e voltava tarde todos os dias carregando um monte de pastas, em sua batalha para melhorar a educação pública, contribuindo na coordenação pedagógica de escolas, formação de professores e alfabetização de adultos.

Liguei para uma grande parceira dela de toda uma vida, Bertha Reis do Valle, que foi diretora da Escola Municipal Reverendo Martin Luther King, na Praça da Bandeira, zona norte do Rio de Janeiro, quando minha mãe era supervisora e orientadora pedagógica. Buscava orientação para escrever este capítulo e um reencontro com os detalhes daqueles tempos tão felizes em minha memória, quando frequentava aquele espaço pulsante. Aprendi com elas ali, no dia a dia, que educação vai muito além dos conteúdos. As duas subiam rotineiramente o Morro de São Carlos para conversar com as famílias dos alunos que moravam na favela. "Engajar a comunidade na escola é fundamental. A realidade dos alunos entra nas salas de aula. O professor tem que saber quem é cada criança, onde ela mora, quem são os pais. O entrosamento com as famílias é essencial", diz Bertha.

É indiscutível a importância da educação para o crescimento econômico. Há um vasto volume de pesquisas que demonstram essa correlação. No livro *Nós do Brasil*, Zeina Latif cita duas. Uma delas é o trabalho de Glaeser, La Porta, Lopez-de-Silanes e Shleifer, de 2004, apontando que países que em 1960 tinham maior escolaridade cresceram duas vezes mais entre 1960 e 2000 em relação aos menos educados. Outra pesquisa, feita aqui no Brasil por Ricardo Paes de Barros, Rosane Mendonça e Ricardo Henriques, estima que o acréscimo de um ano à escolaridade média da população aumenta a taxa de crescimento econômico em 0,35 ponto percentual de forma permanente.

Mas educação tem um impacto amplo na sociedade, indo muito além do crescimento econômico. "A educação é variável-chave para promover o desenvolvimento pleno do indivíduo, suas habilidades cognitivas e socioemocionais, reduzir a desigualdade, fomentar a democracia e a cidadania, e formar uma classe média representativa, o que contribui para a dinâmica de crescimento", diz Zeina.

O atraso educacional no Brasil vem de longe. "Na virada do século XX, a taxa de matrícula em escola primária na Argentina, Peru e Chile era duas ou três vezes superior à taxa no Brasil", relata Zeina em seu livro. E a evolução dos anos de estudos foi lenta em comparação com países da América Latina. Mesmo nos anos 2000, a escolaridade média no Brasil era de 5,6 anos; no Chile, de 8,8; e na Argentina, 9,1.

Segundo a economista, o passado importa, pois o efeito da educação sobre o capital humano é cumulativo. A acumulação ocorre lentamente e sua depreciação também. Portanto, cabe ao Estado impedir a perpetuação do chamado "baixo capital humano" entre as gerações. "O investimento tardio e insuficiente na educação de massas está na raiz da fragilidade da economia brasileira. O pecado original foi negligenciar a educação", diz Zeina.

O racismo provavelmente reforçou a falta de interesse na educação de massas. A economista diz que, em 1980, apenas metade da população negra com mais de cinco anos estava alfabetizada, ante 80% dos brancos. "O Brasil foi um dos primeiros países a ter universidade na América Latina, mas a educação sempre foi voltada à elite", conta o economista Ricardo Paes de Barros, um dos criadores do Bolsa Família, referência nas pesquisas de educação e redução de pobreza e professor do Insper.

A Constituição de 1988 foi um marco importante, tornando obrigatória a universalização da educação básica, que vai da pré-escola até o ensino médio, aos 17 anos. "Com a Constituição de 1988, a educação foi incorporada dentro da gestão federal, absorvendo estados e municípios e criando, assim, uma política federal para a educação básica", diz Priscila Cruz, presidente e cofundadora da ONG Todos pela Educação. Posteriormente, uma emenda à Constituição, em 2009, estabeleceu o ensino obrigatório a partir de 4 anos de idade, e não mais aos 7. Até então, o Brasil ainda figurava entre os países da América Latina e Caribe com menor duração e ingresso mais tardio no ensino obrigatório, de acordo com o *Relatório de monitoramento global de educação para todos* de 2008 da Unesco.

Depois, no governo Fernando Henrique Cardoso, no ministério comandado por Paulo Renato Souza, houve importantes avanços. Em 1996, foi aprovada a Lei de Diretrizes e Bases da Educação Nacional (LDB). A LDB estabeleceu diretrizes curriculares como, por exemplo, especificar o que era esperado de aprendizagem em cada etapa, e foram criadas as primeiras avaliações a nível nacional, termômetro fundamental para saber onde a educação estava tendo bom desempenho e onde não estava. "Foram oito anos de boa gestão, um tempo longo que possibilitou planejamento e continuidade das ações", relata Priscila.

Os gastos com educação aumentaram bastante nas últimas décadas. Em 1996, foi criado o Fundo de Manutenção e Desenvolvimento do Ensino Fundamental e de Valorização do Magistério (Fundef), que foi essencial para a universalização do ensino fundamental, especialmente em regiões mais pobres, garantindo um valor mínimo por aluno.

Dez anos depois, em 2006, já no governo Lula da Silva, com Fernando Haddad como ministro da Educação, o escopo do Fundef foi ampliado com a criação do Fundo de Manutenção e Desenvolvimento da Educação Básica e de Valorização dos Profissionais da Educação (Fundeb), incluindo a educação infantil e os demais profissionais da educação. O Fundeb permitiu a expansão das avaliações nacionais para medir a aprendizagem em todas as escolas públicas com provas de português e matemática, dentro de um plano de desenvolvimento federal que apoiou presencialmente a capacitação e a gestão de estados e municípios. "Esse apoio federal foi fundamental, levando gente especializada para apoiar as secretarias municipais", explica Priscila Cruz.

O avanço do acesso à educação é significativo. Em 1980, 80% da população entre 7 e 14 anos estava na escola, número que saltou para 99% em 2023, segundo a Pesquisa Nacional por Amostra de Domicílios (PNAD) Contínua, do IBGE. O acesso à pré-escola estava em 94%. Houve evolução também entre jovens de 15 a 17 anos, saindo de 50% para 91,9%. Porém, ainda é alto o número de jovens que não concluem a educação básica. Segundo o estudo "Juventudes fora da escola", realizado pela Fundação Roberto Marinho e pelo Itaú Educação e Trabalho, em 2022 estavam nessa condição 9,8 milhões de pessoas entre 15 e 29 anos, o equivalente a 19,9% da população dessa faixa etária. Uma realidade cruel, que perpetua um ciclo de desigualdade e pobreza.

Já no acesso à creche, entre 0 e 3 anos, há muitas crianças desassistidas. Apenas 38,7% das crianças nessa faixa etária estão matriculadas em creches. Essa é uma deficiência grave, segundo os especialistas, uma vez que é exatamente entre 0 e 3 anos a fase crucial para solidificar as aprendizagens de base, que são estruturantes para aprendizagens mais complexas que virão em seguida. Essa base só será sólida mediante cuidados com saúde, alimentação e assistência social. "O Brasil nunca levou a sério a primeira infância, o que impede o avanço das crianças mais pobres. Se elas chegam fortalecidas aos 6 anos, elas deslancham", diz Priscila.

Apesar de termos melhorado muito o acesso e a permanência dos jovens na escola, as deficiências na formação dos estudantes se acumulam a cada ano escolar. Segundo o Ministério da Educação, em 2023, quase metade das crianças (44%) que estudavam em escola pública chegavam aos 7 anos de idade sem saber ler e escrever. "Nosso problema mais recente é que estamos gastando muito e estamos sendo ineficientes em traduzir isso em resultados", diz Ricardo Paes de Barros.

O economista Naercio Menezes Filho, especialista em educação e trabalho, professor da Faculdade de Economia e Administração da USP e do Insper, cita estudos dos institutos Ação Educativa e Paulo Montenegro, que apontam que 29% da população entre 15 e 64 anos são analfabetos funcionais, pessoas que sabem ler e escrever, mas não têm capacidade de interpretar textos simples. E só 12% dos adultos são proficientes, que é a capacidade de elaborar textos de maior complexidade e interpretar tabelas e gráficos um pouco mais elaborados. "O pior é que essa porcentagem se manteve constante nos últimos 20 anos, apesar do grande aumento de escolaridade que houve no período", diz Naercio.

O Programa Internacional de Avaliação de Estudantes (Pisa, na sigla em inglês) é o exame internacional mais importante, realizado com alunos de 15 anos de idade. A pesquisa divulgada em 2023, referente ao ano anterior, foi feita em 81 países e o Brasil está abaixo da média nas três áreas do conhecimento: matemática, leitura e ciências. "A nota do Brasil é pior do que a dos países da OCDE e também dos países latino-americanos, como Chile, Colômbia, Costa Rica, México e até do Peru", ressalta Paes de Barros.

AVALIAÇÃO INTERNACIONAL DE ESTUDANTES (PISA) – 2022

(Em pontos)

NO BRASIL, ENTRE OS ALUNOS AVALIADOS, NÃO ALCANÇARAM O PATAMAR MÍNIMO:

em matemática:	em leitura:	em ciências:
73%	50%	55%

NA MÉDIA DA OCDE, NÃO ALCANÇARAM O PATAMAR MÍNIMO

em matemática:	em leitura:	em ciências:
31%	26%	24%

BRASIL NO RANKING MUNDIAL

Matemática:	Leitura:	Ciências:
65º	52º	62º

Comparando os resultados do Pisa de 2018 com o de 2022, o Brasil até melhorou no ranking mundial, o que, segundo especialistas, mostra que o país está progredindo. A questão é que ainda estamos muito atrasados em relação à média mundial e precisamos acelerar o passo. Algumas informações do Pisa deixam claro esse atraso.

Entre 2018 e 2022, teve uma pandemia no meio e, como consequência, a queda de desempenho entre os alunos de nível socioeconômico mais baixo foi maior na maioria dos países. Mas, no Brasil, aconteceu o contrário. A nota média dos alunos pobres não sofreu nenhuma alteração, nem caiu, nem subiu, ao passo que a nota média dos alunos mais ricos (que são minoria na amostra) declinou treze pontos. "Isso significa que, para os alunos brasileiros mais pobres, o fechamento das escolas não fez diferença. Ou seja, a escola brasileira só parece fazer diferença para os alunos de famílias mais privilegiadas. Deprimente", diz Naercio.

Embora a qualidade seja maior, as escolas particulares não estão imunes às deficiências na qualidade educacional. Os resultados do Pisa revelam que mesmo estudantes de escolas privadas no Brasil não estão alcançando níveis satisfatórios de proficiência. Em matemática, enquanto a média geral de pontos foi de 379 pontos, 93 pontos abaixo da média de 472 da OCDE, escolas particulares fizeram 456 pontos, ainda abaixo da média.

A pandemia agravou a situação precária da educação. As escolas fechadas, inclusive por mais tempo do que a média mundial, aumentaram o atraso escolar, a evasão e ampliaram as desigualdades, com ausência de planejamento e de coordenação do governo federal.

Segundo Naercio, o Pisa exige não somente o conhecimento de fórmulas prontas, mas também sua aplicação em questões do dia a dia. Pesquisas mostram que os alunos brasileiros nem chegam a ler boa parte das perguntas do exame, principalmente as que estão mais para o final da prova, mesmo antes da pandemia.

Além do Pisa, temos exames nacionais, que privilegiam conteúdos e geralmente são respondidos em questões de múltipla escolha, com nível de exigência, em média, menor do que o do Pisa, segundo especialistas. Dessa forma, enquanto a nota do Pisa não mostrou variação entre 2018 e 2022, nos exames do Sistema de Avaliação da Educação Básica (Saeb) foi detectada uma queda, na média, de sete pontos.

RESULTADOS DE APRENDIZADO NO SAEB

Fonte: Elaborado por Tássia Cruz.

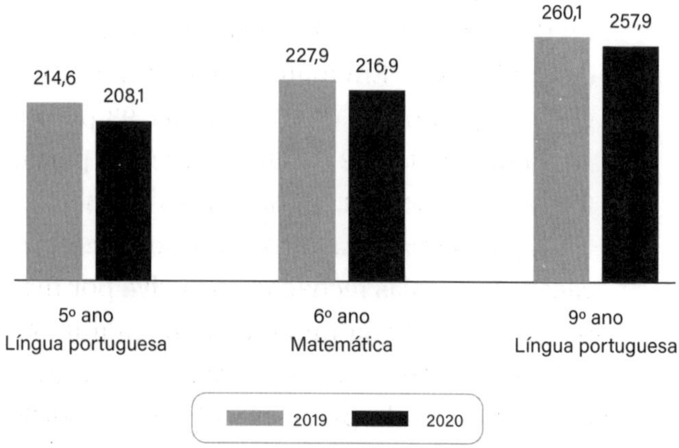

Os exames nacionais mostram que há grande diferença de gestão entre os sistemas estaduais de educação. Há casos de sucesso no país, em administrações locais, como em Sobral, no Ceará. Lá, segundo Zeina Latif, as políticas educacionais dos anos 1990 promoveram maior autonomia das escolas, mudança curricular, reestruturação da carreira do magistério, meritocracia para nomeação de dirigentes regionais e de cargos de direção, e introdução de método de avaliação do sistema.

"O Ceará foi o estado que mais evoluiu em educação no Brasil. O estado dispõe de uma estrutura de avaliação capaz de identificar os gargalos à evolução da educação básica, que permite corrigir, a tempo, as deficiências que podem comprometer o pleno aprendizado do aluno. Além disso, os municípios com melhores desempenhos recebem uma cota maior do ICMS e as 150 escolas com melhores desempenhos ganham uma bonificação", conta o economista Herton Ellery Araújo, pesquisador da área de educação e demografia do Ipea.

Mas temos vários outros casos de sucesso pelo Brasil. O economista Ricardo Paes de Barros destaca a cidade de Cocal dos Alves, no interior do Piauí, que ganhou fama pelos vários prêmios conquistados na maior competição de matemática nacional, a Olimpíada Brasileira de Matemática das Escolas Públicas. Outros exemplos são a cidade alagoana de Coruripe; Brejo Santo, no Ceará; e Apiaí, no Vale da Ribeira, em São Paulo.

"Apiaí é um local muito pobre e a educação é melhor do que na capital paulista. E por quê? Porque, para a comunidade e para os jovens, a educação é vista como algo valioso. Em Brejo Santo, as crianças pulam o muro para dentro da escola, porque querem ficar na escola. Nos lugares onde a educação deu certo, a escola é vista como um lugar legal. Não adianta só colocar dinheiro. Os alunos precisam achar que a educação é uma coisa importante. Assim, eles vão se dedicar aos estudos, prestar atenção nas aulas e aprender", avalia Paes de Barros.

Segundo ele, o papel do governo federal é replicar os casos de sucesso em território nacional. O governo não está olhando para Teresina, por exemplo, e divulgando para o resto do Brasil o que Teresina está fazendo. Ao contrário: o governo tenta ele próprio inventar um programa e implementá-lo no Brasil todo, o que não funciona em um país continental como o nosso, com realidades socioeconômicas e culturais completamente diferentes. "Existe a ideia errada de que o governo federal é um gênio e os municípios precisam ser ensinados a fazer", comenta Paes de Barros.

O governo do Chile documenta em um livro chamado *Se puede* [É possível] as escolas que apresentam os melhores resultados e o distribui nacionalmente como forma de difundir as melhores práticas. "As escolas que tiveram os piores resultados são acompanhadas por equipes do governo para melhorar seus desempenhos", conta a economista Laura Muller Machado, especialista em educação e professora do Insper.

Paes de Barros comenta que existe uma premiação internacional em Dubai, o Global Teacher Prize, organizado pela organização sem fins lucrativos Varkey Foundation, que premia os melhores professores do mundo. E sempre tem algum brasileiro entre os dez melhores. "É um problema não valorizar os bons professores. Os salários dos professores bons e dos professores ruins são iguais. Como saber quem é bom e quem é ruim? Há professores que entregam ganhos de aprendizado gigantes e outros que têm resultados sistematicamente baixos. Mérito não é valorizado nesta profissão. Haveria um enorme ganho de aprendizado no Brasil se demitissem os professores ruins e contratassem professores médios", defende o economista.

A questão da qualidade da educação traz outra lacuna profunda: a formação de professores. Os cursos de educação são pouco disputados no vestibular, porque os baixos salários no magistério desestimulam os jovens a escolher a carreira. O piso nacional dos professores da educação básica, estabelecido pelo Ministério da Educação (MEC), estava em R$4.867. Os salários estão alinhados ao de países com renda per capita similar, segundo o Banco Mundial. Mas deveríamos olhar para a Coreia do Sul, onde a educação é referência mundial e os professores estão entre as categorias mais bem pagas no país. Além disso, há problemas na formação universitária.

“Trabalhar com aquilo em que não se tem brilho nos olhos é um grande problema, ainda mais quando o que você escolheu é tão desvalorizado e vive uma fase tão difícil diante dos desafios da contemporaneidade. Há uma falência desse sistema, ancorado no projeto de Brasil colonizado e, desde a invasão europeia, profundamente desigual. É preciso refletir se o ‘bom desempenho’ que as escolas estão mirando está salvando a nossa espécie do colapso a que estamos caminhando. Muitos conteúdos deveriam ser repensados”, avalia Ana Carolina Rosa, psicopedagoga da Escola Parque, coordenadora pedagógica da Casa do Saber Popular, doutora em Educação pela UERJ e minha irmã, que segue o legado deixado por nossa mãe.

Com o volume de investimentos atual em educação já seria possível entregar resultados muito melhores. A educação recebe no Brasil um volume de investimentos que representa 5,8% do PIB, de acordo com dados da Unesco, o que supera a média dos gastos de todas as regiões do mundo, com exceção da Oceania, segundo Tássia Cruz, professora da Escola Brasileira de Administração Pública e de Empresas da Fundação Getulio Vargas (FGV EBAPE). “A qualidade do financiamento da educação não se restringe à quantia de recursos financeiros alocados, mas também se esses recursos são distribuídos de maneira equitativa e utilizados de forma eficaz. Existe um sério problema de gestão”, diz a professora. Ela afirma ainda que, ao contrário do que seria o ideal, os alunos com menor nível socioeconômico são aqueles que, em média, recebem menos recursos do Estado, considerando a distribuição dos gastos por aluno entre estados e municípios brasileiros. A relação gasto por aluno é maior no ensino superior do que na educação básica. O valor médio por aluno dos países da OCDE na educação básica é 306% acima do Brasil. Quando se compara com outros países da América Latina, apenas o México possui gasto por aluno inferior ao Brasil na mesma faixa. "Há muitas escolas sem ventilador, com salas quentíssimas, sem internet. É um contexto que prejudica muito o aprendizado", diz Bertha do Valle.

Um debate difícil é a educação técnica. Muitos alegam que a educação técnica diferencia jovens ricos e pobres e que não forma cidadãos, apenas mão de obra. No entanto, a maioria dos jovens brasileiros, depois de concluir o ensino médio, ingressa diretamente no mercado de trabalho, seja no setor formal ou informal, com poucas chances de adquirir habilidades e conhecimentos adicionais. E muitos nem trabalho conseguem, são os chamados "nem-nem", que nem trabalham, nem estudam, e que representam cerca de 25% dos jovens entre 15 e 29 anos no Brasil, de acordo com os dados do livro *Nós do Brasil*, ante os 12% registrados pela OCDE como a média mundial.

Segundo Tássia Cruz, apenas 21% dos adultos entre 25 e 64 anos de idade no Brasil têm ensino superior. Dados da OCDE mostram que essa realidade está muito aquém de países desenvolvidos, como Estados Unidos (50%) e Japão (55%), mas também abaixo de países vizinhos, como Argentina (25%), Colômbia (25%) e Chile (31%). No Brasil, 11% vão para o ensino técnico subsequente à formação escolar, enquanto a média mundial é de 42%. "No entanto, boa formação profissional e empregabilidade são os primeiros passos para a cidadania, sendo que bons cursos [técnicos] aumentam o acesso ao mercado de trabalho e com remuneração até comparável a algumas carreiras de curso universitário", escreve Zeina Latif em *Nós do Brasil*.

Encerro este breve capítulo sobre educação recordando da minha mãe Suely e da escola pública onde ela trabalhava. O sonho dela de um país mais digno e justo se tornou o meu sonho. A escola, não por acaso, levava o nome de Martin Luther King. "Agora é o tempo para transformar em realidade as promessas de democracia", disse o reverendo em seu famoso discurso "Eu tenho um sonho". E o tempo da democracia em nosso país passa urgentemente por reformas profundas na educação.

6 **ARMADILHA #4:** MANICÔMIO TRIBUTÁRIO

Era dia 20 de dezembro de 2023. Me lembro de estar ao vivo na BandNews TV acompanhando a votação e aprovação da Reforma Tributária no Congresso Nacional. Foi um dia histórico! Emocionante! Clima de final de Copa do Mundo! Havia mais de 30 anos, desde a Constituição de 1988, que o Brasil discutia propostas de mudanças no sistema tributário, criado na década de 1960. Todos concordavam que era urgente fazer uma reforma, mas cada um queria a sua própria reforma. Parecia impossível chegar em um consenso.

Segundo o secretário extraordinário da reforma tributária do governo e um dos maiores especialistas no tema, Bernard Appy, o primeiro sentimento foi quase de incredulidade. "Demorou algum tempo até cair a ficha do que tinha acontecido. Foi realmente um momento muito importante, resultado de uma construção coletiva", relata.

A reforma, segundo o secretário, mesmo que longe da ideal, tem potencial de impulsionar o PIB brasileiro em torno de 10% ou mais nos próximos quinze anos.

Mas antes de falar das mudanças, que começarão a ser implementadas em 2027, quero que você entenda o tamanho do problema.

O sistema tributário brasileiro joga contra o crescimento econômico em várias frentes: é caro, injusto, complexo e distorce a forma de organização da economia. Não à toa é chamado de manicômio tributário. Mas, quando usados corretamente, impostos podem gerar desenvolvimento econômico e bem-estar à população, provendo bens públicos e serviços essenciais, redistribuindo renda e riqueza e induzindo o crescimento econômico.

Como já vimos no capítulo de contas públicas, a carga tributária alta é um dos nossos problemas. Para sustentar o gasto público crescente, foram criados inúmeros impostos. Pagamos um nível de tributação de países ricos sem retorno equivalente em serviços de qualidade, como saúde, educação, transporte e segurança. O peso dos impostos reduz a renda disponível para o consumo das famílias e o lucro das empresas. Além da carga tributária ser elevada, os tributos são mal desenhados, o que desestimula investimentos em capital físico (como a expansão de fábricas e compra de máquinas), em capital humano (como novas contratações e capacitação de funcionários) e em novas tecnologias, gerando desvantagem na atração de investimentos internacionais para o Brasil.

Além do alto custo tributário, o sistema é injusto. Enquanto o tamanho da carga tributária brasileira é similar ao da média dos países ricos, o perfil é bastante diferente. O consumo aqui é muito mais tributado do que a renda. Segundo a OCDE, em 2021, da carga tributária no Brasil de 33,9% do PIB, quase metade, 15,1% do PIB, correspondia a impostos sobre consumo. Da carga tributária média de 34,1% dos países ricos, a tributação sobre consumo foi de 10,8% do PIB. Já a tributação sobre a renda foi de 8,1% do PIB no Brasil, abaixo dos 11,3% do PIB da média dos países ricos. Mas países emergentes, de forma geral, taxam mais consumo. O Brasil não foge à regra. Como a informalidade costuma ser alta, o tributo sobre consumo é a opção natural.

Além de tributar pouco a renda, há muitas distorções na cobrança do imposto de renda. Estudo do Ipea, realizado pelo economista Sérgio Gobetti, revela que os mais ricos, pessoas com renda acima de 8 milhões por ano, pagam a mesma alíquota efetiva de impostos de um assalariado que ganha R$6 mil por mês, ou R$72 mil por ano. Isso porque boa parte das receitas dos mais ricos tem como origem aplicações financeiras e lucros de empresas, que são menos tributados do que a folha de salários dos trabalhadores. Segundo Gobetti, é preciso haver cobrança de lucros e dividendos distribuídos a pessoas físicas e fechar brechas em regimes especiais de tributação, como Simples e Lucro Presumido, que permitem que empresas paguem menos impostos levando em consideração apenas o seu tamanho e não a renda dos donos da empresa.

Neste capítulo, vamos nos aprofundar mais na tributação do consumo. Um sistema baseado na tributação sobre o consumo é regressivo porque os ricos poupam mais proporcionalmente à sua renda do que os mais pobres. Então, a carga tributária fica proporcionalmente maior para as pessoas de menor renda. Além disso, como o imposto sobre o consumo incide igualmente sobre todos os itens (o feijão do rico é o mesmo do pobre), independentemente da renda do contribuinte, aqueles que ganham menos acabam pagando uma parcela maior da sua renda total em impostos do que os indivíduos de renda mais alta.

Sobre a complexidade, um bom sistema tributário deve ser simples para que os contribuintes consigam entender facilmente suas obrigações e quitá-las, o que passa longe da nossa realidade. A complexidade impõe às empresas um alto custo administrativo, porque se gasta muito tempo para conhecer as regras, proceder aos pagamentos exigidos e comprovar o cumprimento da lei, diz Marcos Mendes em seu livro *Por que o Brasil cresce pouco?*.

A complexidade e a alta carga tributária levam muitas empresas a investirem mais em lobby para conseguir benefícios tributários do que no lançamento de novos produtos ou de nova tecnologia, contratando escritórios de advocacia especializados em explorar lacunas da lei e diminuir custos fiscais.

Há casos conhecidos de manobras para pagar menos impostos, como o de uma empresa grande que fabricava bombons e mudou o nome de bombom para wafer. Isso porque enquanto a tarifa de Imposto sobre Produtos Industrializados (IPI) para bombom é de 3,25%, o wafer é isento porque é classificado como "item de padaria", categoria que não paga IPI.

Tem o caso de uma rede de fast food que trocou o nome "sorvete" por "sobremesa láctea". O motivo: sorvete tem que pagar 3,65% de taxa do Programa de Integração Social e Contribuição para o Financiamento da Seguridade Social (PIS/Cofins) e a sobremesa, dentro da categoria "bebidas lácteas", tem isenção de impostos. "As regras são um pesadelo. Tem regra diferente para produtos similares: uma regra para colônia, outra para água de cheiro, outra para perfume. É caótico", diz Marcos Lisboa.

No caso do PIS e Cofins, segundo Appy, existem 80 regimes diferenciados, com regras diferentes para determinados produtos e serviços. No Imposto sobre Circulação de Mercadorias e Serviços (ICMS) são 27 legislações estaduais diferentes, e cada estado tem uma grande quantidade de regimes próprios diferenciados também. No Imposto Sobre Serviços (ISS), é possível ter 5.570 legislações distintas. "A complexidade significa litígio e tem custo para empresas e governo. Cerca de 40% do trabalho do judiciário no Brasil é execução fiscal de questões tributárias. É um custo realmente muito grande para a sociedade", diz Bernard Appy.

Os processos tributários na justiça somam mais de 75% do PIB do país, segundo o estudo *Contencioso tributário no Brasil*, dos autores Lorreine Silva Messias, Larissa Luzia Longo, Carla Mendes Novo e Breno Ferreira Martins Vasconcelos, atualizado em 2022 pelo Insper. No quesito complexidade tributária, estamos entre os piores. Num ranking global de 64 países feito pelo Global MNC Tax Complexity Project, em 2022, ficamos na posição 54.

A quantidade e a frequência de mudanças das regras tributárias são impressionantes, gerando alto custo de adaptação, insegurança jurídica e desestímulo aos investimentos. Segundo artigo dos economistas José Roberto Afonso e Kleber Pacheco de Castro, no livro *Contas públicas no Brasil*, organizado por Felipe Salto e Josué Pellegrini, entre 1988 e 2018, houve alteração em 31.937 normas federais, 123.620 normas estaduais e 253.169 normas municipais, resultando em 1,29 novas normas por hora.

A complexidade tem relação com o patrimonialismo, que, segundo Zeina Latif, é a apropriação privada daquilo que deveria ser público, de diversas formas. Segundo ela, trata-se de algo disseminado

Fonte: Tax Complexity – Global MNC Tax Complexity Project https://www.taxcomplexity.org/.

nos vários benefícios e proteções estatais distribuídos para segmentos da sociedade e do setor privado, a despeito das consequências sobre os demais e sobre a carga tributária. "O patrimonialismo está entranhado na sociedade, que vê com naturalidade as várias 'meias-entradas', como a própria meia-entrada em atividades culturais, fazendo com que as tarifas cheias sejam muito elevadas, prejudicando as classes populares; universidade pública gratuita para todos; regimes especiais, como o Simples, a Zona Franca de Manaus e as 'pejotinhas' para profissionais liberais; e estabilidade de emprego para todos os funcionários públicos", diz Zeina em seu livro *Nós do Brasil*.

Além de caro, injusto e complexo, o problemático sistema tributário brasileiro distorce a forma de organização da economia. A miríade de regimes diferenciados de tributação induz as empresas a se organizarem para pagar menos impostos e não para serem eficientes, reduzindo a produtividade e o potencial de crescimento da economia. Na construção civil, por exemplo, segundo Appy, o governo incentiva a escolha de métodos menos eficientes ao tributar mais estruturas pré-fabricadas que construções de concreto e tijolo. "Esse é só um exemplo, são muitas distorções", diz Appy.

Além disso, o sistema brasileiro onera bens e serviços destinados ao investimento e à exportação, diferentemente da maioria dos países, que desoneram, prejudicando o crescimento e tirando competitividade da produção nacional.

A guerra fiscal entre estados é outro aspecto importante da distorção promovida pelo sistema tributário na economia brasileira. Normalmente se pensa que só os estados mais pobres oferecem benefício tributário para atrair investimentos, como forma de compensar sua deficiência de desenvolvimento da região, mas não é o que acontece. Na prática, a guerra fiscal se tornou generalizada no país. Todos os estados, inclusive os mais ricos, concedem benefícios fiscais. A consequência não é apenas perda fiscal para todos, mas perda de eficiência.

Por exemplo: São Paulo oferece benefícios para atrair frigorífico. Sem benefícios, o frigorífico estaria próximo de onde tem mais gado, sua matéria-prima. Já os estados onde está o gado dão benefícios para atrair indústrias que, sem o benefício, iriam para São Paulo. O modelo gera muitas distorções na forma de organização da economia, fazendo com que a produção seja menor do que poderia ser. Uma alocação eficiente de investimentos deveria seguir a lógica econômica, e não a lógica tributária.

"Hoje, no Brasil, você não monta um centro de distribuição onde o custo de logística é menor. Você monta onde tem o melhor benefício fiscal. Só que isso aumenta o custo de logística, que é repassado para o consumidor final. Para levar o mesmo produto para o mesmo consumidor você gasta mais caminhão, combustível, caminhoneiro. Haveria muito menos caminhões rodando as estradas do que há hoje, já que a estrutura produtiva estaria nos lugares corretos. Trata-se claramente de um trabalho inútil gerado pelas distorções no sistema tributário", diz Bernard Appy.

Outra distorção importante do sistema tributário brasileiro é a cumulatividade. Um tributo é cumulativo quando o imposto pago em uma etapa da cadeia produtiva não é integralmente recuperado na etapa seguinte, a chamada "tributação em cascata", um dos problemas históricos do sistema brasileiro. Isso significa que produtos com cadeias de produção mais longas tendem a ser mais onerados, como a indústria têxtil, por exemplo, que tem início no cultivo de fibras e passa por fiação, tecelagem e confecção de roupas até chegar na distribuição para as lojas. A cumulatividade estimula o crescimento maior do consumo e da produção de bens com cadeias mais curtas. "As pessoas e as empresas pagam muito mais impostos do que veem, porque os impostos estão embutidos nos preços das coisas, não há clareza", diz Lisboa.

Uma das consequências negativas da cumulatividade é que os investimentos e as exportações, embora formalmente desonerados, na prática são onerados pelos tributos pagos ao longo da cadeia e não recuperados, o que acaba desestimulando o investimento e reduzindo a competitividade da produção nacional. Esse problema é agravado por outras deficiências do nosso sistema tributário, como o longo prazo para a recuperação do ICMS na aquisição de máquinas e equipamentos, além da grande dificuldade enfrentada pelos exportadores para recuperar os saldos credores dos tributos pagos na aquisição de insumos.

Por fim, a cumulatividade desincentiva, também, a especialização das empresas. No sistema atual, é mais barato toda a produção de um bem ser feita por uma única empresa do que terceirizar parte do processo produtivo, quando são cobrados novos impostos que não são recuperados. E a especialização é reconhecida como ferramenta fundamental para se obter ganhos de produtividade. "Uma economia em que há empresas especializadas em produzir pneus, outras em motores e mais outras em para-brisas, e na qual todas vendem para uma montadora de automóveis, tende a ser mais produtiva que outra, cuja montadora cumpre todas essas funções sozinha", exemplifica Marcos Mendes.

Luz no fim do túnel: reforma tributária

A reforma tributária aprovada recentemente representa um avanço significativo do sistema caótico atual. As mudanças focaram nos impostos sobre o consumo e têm como objetivo principal aumentar o potencial de crescimento do país. Mas houve muitas exceções e tratamentos diferenciados e, como diz o economista Marcos Lisboa, "quando muita gente paga meia-entrada, quem paga inteira paga muito para compensar". E a reforma sobre o consumo foi apenas o início das mudanças necessárias para reduzir injustiças tributárias. A próxima reforma fundamental é a da renda.

O objetivo dessa reforma não foi reduzir o tamanho da carga tributária, que será mantida no nível atual, mas simplificar, corrigir distorções e aumentar a produtividade da economia. Apesar das muitas exceções, segundo Appy, haverá muito menos do que no sistema atual. "É verdade que gostaríamos que houvesse menos exceções. Hoje temos uma complexidade de 100. Se tivéssemos aprovado a reforma ideal, teríamos uma complexidade de 10. Com o que foi aprovado, temos uma complexidade de 30. Em relação ao ideal, eu tenho o triplo de complexidade do que eu teria. Mas, sem dúvida, o ganho é grande com a reforma tributária", diz Appy.

Segundo o secretário, a espinha dorsal da reforma foi mantida, que reúne as seguintes mudanças:

Simplificação: a reforma substitui cinco impostos por dois Impostos sobre o Valor Agregado (IVA), modelo usado em mais de 170 países, entre eles, Canadá, Austrália, todos os países-membros da União Europeia e emergentes como Índia, além de latino-americanos, como México, Colômbia, Chile e Argentina. Será um IVA para todos os estados e municípios, e outro para o governo federal, mas, como terão as mesmas regras, é como se fosse um único IVA.

As alíquotas e as regras serão as mesmas para todos os produtos e serviços que não estiverem em listas de exceções. Mas, para diferenciar, o IVA de cada esfera terá um nome. O IVA federal vai se chamar Contribuição sobre Bens e Serviços (CBS) e vai substituir três impostos: PIS, Cofins e parte do IPI.

O IPI não será extinto porque será mantida a cobrança para os produtos industrializados na Zona Franca de Manaus. Na prática, a lista de produtos tributados pelo IPI deve ser reduzida de cerca de 4 mil para cerca de 300.

O IVA subnacional vai se chamar Imposto sobre Bens e Serviços (IBS), substituindo os impostos estaduais e municipais: ICMS e ISS.

Foi criado também o Imposto Seletivo, também chamado de "imposto do pecado", que terá uma alíquota maior do que a padrão e incidirá sobre produtos e atividades nocivos à saúde e ao meio ambiente, como cigarros e bebidas alcoólicas, que também serão tributados pelo IBS e pela CBS.

Desoneração completa de investimentos (compra de máquinas, por exemplo) e exportações: a reforma elimina praticamente todas as distorções do sistema tributário atual que acabam elevando o custo dos investimentos e onerando as exportações. O resultado será um nível de investimento mais elevado e, portanto, maior crescimento da economia.

Não cumulatividade plena: diferente do modelo atual, em que tributos pagos ao longo da cadeia de produção não são integralmente recuperados, o IBS e a CBS permitirão a recuperação integral do tributo pago nas etapas anteriores, cabendo à empresa pagar apenas a diferença entre o imposto incidente em suas vendas e aquele incidente nos insumos utilizados ou produtos adquiridos para revenda. Funciona assim: quando um lojista comprar um sapato da fábrica, ele vai recuperar integralmente, na forma de crédito, o imposto incidente, pagando apenas a diferença entre o imposto que incide na venda do sapato e o crédito que foi recuperado. Esse sistema garante que não haja a incidência de impostos em cascata e que o valor pago pelo consumidor que compra o sapato seja exatamente a soma do imposto pago em todas as etapas da cadeia de produção e comercialização. Com a não cumulatividade plena, os investimentos e as exportações serão totalmente desonerados e não haverá mais o desincentivo à especialização das empresas que caracteriza o sistema atual.

Cobrança no destino: os impostos passarão a ser cobrados no destino final, onde o bem ou serviço será consumido, e não mais na origem (onde o produto é fabricado). A tributação no destino acaba com a chamada "guerra fiscal" entre os estados. Outra vantagem da tributação no destino é que o imposto incidente sobre um bem consumido pertence ao estado e ao município onde ocorre o consumo e não a outro estado, onde o bem é produzido, como ocorre hoje. Com isso, haverá transparência sobre quanto imposto é pago ao estado e ao município onde vive o consumidor, que poderá cobrar o retorno em serviços públicos.

Criação de fundo de desenvolvimento regional: a reforma tributária criou o Fundo Nacional de Desenvolvimento Regional (FNDR), que visa reduzir as desigualdades regionais e sociais, substituindo a ineficiente "guerra fiscal". Os recursos serão transferidos a todos os estados, mas beneficiarão sobretudo as regiões menos desenvolvidas, permitindo que os recursos sejam utilizados na exploração das vocações econômicas regionais.

Cesta básica ampliada: alguns produtos terão alíquota zerada. É o caso de proteínas de origem animal, como frango, carne e peixe, leite, fórmulas infantis, manteiga, margarina, arroz, feijão, legumes, verduras e frutas in natura, café, farinha, açúcar, massas, pão francês, queijos e sal. Embora o ideal fosse utilizar mais o *cashback* (descrito abaixo) e menos a desoneração de produtos específicos, que beneficiam tanto ricos quanto pobres, o Congresso Nacional optou por criar uma cesta básica com alíquota zero.

Cesta básica com desconto: há uma lista de produtos que terão desconto de 60% sobre as alíquotas dos novos impostos, como crustáceos (exceto lagostas e lagostim), mel, amido de milho, sucos naturais e polpas de fruta sem adição de açúcar, pão de forma, extrato de tomate, bolacha, óleo de soja e demais óleos vegetais.

Cashback: é a devolução de imposto pago para as famílias de baixa renda. Está previsto 100% de *cashback* de imposto federal (CBS) sobre energia elétrica, água, esgoto, botijão de gás, telefone e internet para a população de baixa renda. Os inscritos no CadÚnico terão a devolução total da CBS. Já para o IBS, o *cashback* será de 20%.

Alíquota cheia (uma das maiores do mundo): a alíquota cheia é aquela paga por todos que não receberam algum tratamento especial. Ela é fixada de forma a manter a carga tributária. No projeto que o governo enviou ao Congresso, a estimativa era de que a alíquota de referência seria de 26,5% sobre o preço sem imposto, mas o próprio Ministério da Fazenda já admite que deve ser maior em função do número grande de exceções, algo em torno de 28%, que é alta para padrões internacionais, mas é menor que a alíquota cheia do sistema tributário atual, que resulta da cobrança, pela alíquota padrão de PIS/Cofins (9,25% sobre o preço com PIS/Cofins) e de ICMS (varia entre estados). Em São Paulo, por exemplo, que tem alíquota de ICMS de 18% sobre o preço com imposto, a alíquota padrão sobre o preço sem imposto chega a 34,4%. De qualquer forma, se confirmada, deve ser a maior alíquota de IVA do mundo, de acordo com dados da OCDE. Em 2024, o ranking global era liderado pela Hungria, com alíquota de 27%. Embora muito alta, a alíquota cheia no Brasil será transparente, diferente da realidade atual.

Trava: o Congresso Nacional criou um dispositivo que, eventualmente, poderá permitir uma alíquota menor. A regra funcionará como uma espécie de gatilho para reduzir benefícios. Toda vez que a projeção da alíquota de referência ultrapassar 26,5%, o governo deverá enviar ao Congresso um projeto de lei reduzindo benefícios. Se esse projeto de lei for aprovado, a alíquota convergirá para 26,5%. Mas é bom lembrar que não é fácil os parlamentares reduzirem benefícios para determinados setores.

Setores: a indústria deve ser o setor mais beneficiado pelo fim da cumulatividade na cobrança de impostos na cadeia produtiva, dos impostos em investimentos e exportações. Hoje é o setor mais onerado. O Ministério da Fazenda prevê que o PIB industrial terá um ganho em torno de 16,6% nos próximos quinze anos.

O agronegócio também seria beneficiado, porém com impulso menor ao crescimento, em torno de 10,6%.

O PIB do setor de serviços teria um ganho de 10,1%. Serviços prestados no meio da cadeia produtiva, como transporte, serão mais beneficiados. Já serviços prestados diretamente para o consumidor, como streaming, poderão ter um aumento da carga tributária. Vários serviços prestados aos consumidores, no entanto, terão tarifa reduzida, como é o caso, por exemplo, de educação, saúde, transporte público coletivo, hotéis e restaurantes.

“Mesmo que alguns setores tenham algum pequeno aumento de imposto, a reforma elimina uma série de ineficiências, como o custo burocrático de pagar imposto, que é altíssimo no Brasil e vai diminuir muito. Isso é um custo que está nos preços das mercadorias e dos serviços e vai deixar de existir”, diz Appy. A judicialização, segundo ele, também tende a diminuir, embora as exceções ainda deixem brechas para questionamentos judiciais.

A nova estrutura tributária será implementada a partir de 2027, após um ano de teste em 2026. Em 2027 será introduzida a CBS e serão extintos o PIS e a Cofins, além de ser eliminada a incidência de IPI sobre a grande maioria dos produtos industriais. Posteriormente, entre 2029 e 2033, o IBS vai substituir gradativamente o ICMS e o ISS. Haverá potencial aumento da complexidade durante a transição, já que no primeiro ano a CBS coexistirá com o atual sistema de tributos federais e, até o fim da transição, o IBS deverá ser apurado junto com o ICMS e o ISS, mas a perspectiva é que o sistema de cobrança dos novos tributos seja muito simples, o que tende a mitigar esse efeito.

Sorvete vai voltar a se chamar sorvete?

No geral, os efeitos da reforma tributária serão muito positivos. Dos principais problemas do sistema atual, a maioria será resolvida - caso da oneração dos investimentos e das exportações e da guerra fiscal - e a complexidade será muito reduzida. Quase todas as distorções que levam a economia a se organizar de forma ineficiente por conta da tributação do consumo também serão eliminadas, levando a um aumento relevante da produtividade e do PIB do Brasil.

Mas nem tudo é perfeito. Lembra do caso de uma rede famosa de fast food que mudou o nome de sorvete para sobremesa láctea para pagar menos impostos? Pois é, é possível que continue se chamando sobremesa láctea. Segundo Appy, no caso do sorvete, uma exceção abre brecha para que essa distorção seja mantida. "A comida preparada no restaurante terá alíquota reduzida, o que abre a possibilidade de que o sorvete preparado na loja de fast food siga sendo caracterizado como sobremesa. Mas para o sorvete pronto, industrializado, a alíquota será cheia. Ou seja, há o risco de que a rede de fast food continue vendendo sobremesa", explica.

Como diz o secretário, é difícil passar de um sistema cheio de exceções para um sistema totalmente sem exceção, que seria o ideal. Como o bom é inimigo do ótimo, o bom já vai permitir uma grande melhora no caos tributário que temos hoje no Brasil.

7 **ARMADILHA #5:** BAIXA ABERTURA AO COMÉRCIO INTERNACIONAL

Parece estranho falar sobre a importância da abertura comercial quando vivemos em um movimento contrário no mundo. Depois da pandemia, os países, principalmente desenvolvidos, vêm intensificando o uso de medidas protecionistas. Entre 2009 e 2022, as restrições às importações por parte do G20 (grupo que reúne as dezenove maiores economias do planeta mais a União Europeia e a União Africana) subiram de menos de 1% para cerca de 11% do seu volume total, segundo dados da Organização Mundial do Comércio (OMC). E o presidente dos Estados Unidos, Donald Trump, inaugurou oficialmente em 2025 uma nova fase para o comércio mundial, rompendo com a ordem mundial que valia desde o fim da Segunda Guerra, incluindo a saída de organismos e acordos multilaterais. Mas será que a globalização está morrendo?

Especialistas dizem que não, que há uma reconfiguração das trocas comerciais. Segundo o economista Lucas Ferraz, coordenador do Centro de Estudos de Negócios Globais da FGV e ex-secretário de comércio exterior do Ministério da Economia, há movimentos de *nearshoring*, que são políticas para incentivar empresas a mudarem suas cadeias de fornecedores e logísticas para países próximos, e de *friendshoring*, que é a busca de parcerias estratégicas com países mais amigáveis nas relações diplomáticas, que tendem a se intensificar diante do aumento da percepção de risco associado às cadeias de suprimentos internacionais.

Segundo Ferraz, o pano de fundo é uma disputa tecnológica entre Europa e Estados Unidos com a China. As políticas protecionistas estão sendo feitas nos países desenvolvidos. "O Brasil não está neste mundo. Países em desenvolvimento continuam se integrando. Nós já somos um dos países mais fechados do mundo e vamos nos fechar ainda mais? Isso não faz sentido", afirma.

O isolacionismo tem feito o país renunciar a ganhos importantes de produtividade. O Brasil ficou fora das cadeias globais de valor, que ganharam força por volta de 1985 com a forte redução dos custos de transporte e os avanços em tecnologia da informação, aproveitando-se das vantagens comparativas dos países na produção de cada componente para aumentar a eficiência dos processos produtivos. Aqui é importante entender o conceito de vantagem comparativa.

O que é vantagem comparativa?
É a capacidade que um país tem de produzir um bem ou serviço com melhor qualidade e custo menor do que outro.

É comum no Brasil as pessoas pensarem que o país tem que produzir tudo, a produção local deve ter preferência e só deve importar aquilo que não consegue produzir. É a noção de autossuficiência. Mas ninguém sabe fazer tudo muito bem. No nosso dia a dia, contratamos serviços de outras pessoas que fazem melhor do que a gente faria, um médico, um mecânico, uma manicure. "Até podemos tentar fazer algum trabalho mesmo não sendo especialista, mas gastaremos muito mais tempo, deixando de realizar aquilo que fazemos de melhor e ainda teremos um resultado de pior qualidade. Dessa forma, o país cresce menos", diz Zeina Latif.

A produção de um iPad, por exemplo, é feita efetivamente "no mundo". A concepção do design ocorre na Califórnia e a montagem, quase toda na China. Entre essas duas etapas, existe um processo de produção que envolve centenas de partes e componentes da América do Norte, da Europa e da Ásia, principalmente. "Essa fragmentação da produção em etapas executadas em múltiplos países acontece não apenas com o iPad, mas também com automóveis, máquinas e outros produtos", escrevem Lucas Ferraz, Emanuel Ornelas e João Paulo Pessoa, no livro *Política comercial no Brasil.*

Esse ainda é um tema pouco compreendido, embora tenha havido avanços recentes no debate. Existe a ideia de que quem defende a abertura comercial quer destruir a indústria brasileira. "Isso é reflexo, ao menos em parte, da existência de grupos de interesse historicamente muito bem estruturados em Brasília, além de muito influentes tanto no poder executivo, quanto no Congresso Nacional. Não existe exemplo de indústria competitiva que seja pouco integrada ao mundo", afirma Lucas Ferraz.

Ao se integrarem nas cadeias globais de valor, os países têm acesso a tecnologias de ponta e a melhores práticas de gestão internacional, o que contribui fortemente para a inovação, a redução de custos e maior acesso a bens e serviços de melhor qualidade, reduzindo preços que são muito acima da média internacional, como de tênis, celular, notebooks e tablets, possibilitando o consumo principalmente pelos mais pobres.

A economista Monica de Bolle, pesquisadora do Peterson Institute, diz que países como o Brasil, com dimensões continentais, recursos abundantes e autossuficiente em alimentação tendem a ser mais fechados em si. É a síndrome do país grande, diz ela. "Prevalece a visão de que o que funciona para os outros não vai funcionar aqui, por serem países menores. Os Estados Unidos também se veem assim, mas tiveram uma agenda de desenvolvimento", explica Monica.

O Brasil pode se beneficiar das reconfigurações das cadeias de valor e das transformações mundiais na indústria, como a transição verde e a digitalização. Essa é uma oportunidade para a economia brasileira.

A importância da abertura comercial pode ser facilmente avaliada, segundo o economista José Roberto Mendonça de Barros, sócio da MB Associados. "Basta comparar a estagnação da indústria, que é muito protegida das importações, e a franca expansão da agropecuária, que, ao contrário, é muito ligada aos mercados globais", exemplifica. A economista Ana Paula Vescovi, ex-secretária do Tesouro Nacional e economista-chefe do Santander, diz que se tivesse só uma ficha para impulsionar o crescimento do Brasil, colocaria na abertura comercial, um processo que impulsionaria outras reformas. "Por trás da abertura comercial está a melhora do ambiente de negócios. Competição, previsibilidade e incentivos corretos voltados para estimular a educação e a inovação são os principais ingredientes para o crescimento", afirma.

O Brasil fez um movimento grande de abertura comercial na década de 1990, conseguindo reduzir consideravelmente a proteção contra importações. Na mesma época, o caminho da abertura comercial também foi seguido por outros países da América Latina, como Peru, Uruguai e Colômbia.

Entre 1987 e 1994, a tarifa média de importação caiu de 57,5% para 11,2%, de acordo com Zeina Latif, em *Nós do Brasil*. Apesar da forte queda, segundo

Ferraz, o movimento não foi suficiente. "A participação do Brasil no comércio mundial ainda ficou muito aquém das suas possibilidades", diz.

E quais são nossas possibilidades? A taxa de abertura da economia brasileira, em 2023, estava em 33,9%, muito abaixo das taxas da América Latina, Leste Asiático e Pacífico, e de países de renda alta, como mostram os dados do Banco Mundial exibidos no gráfico a seguir. Essa é a medida mais utilizada para avaliar a importância do comércio internacional para um país e consiste da soma de importações e exportações de bens e serviços em relação ao seu Produto Interno Bruto.

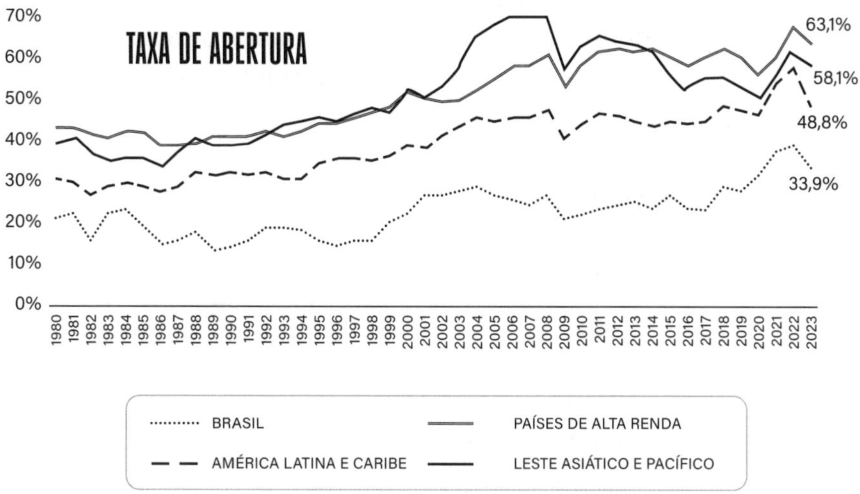

Fonte: Banco Mundial.

A comparação mostra que o Brasil é e sempre

foi relativamente fechado ao comércio internacional. "E, em termos relativos, essa tendência se aprofundou nas últimas décadas", escrevem Lucas Ferraz, Emanuel Ornelas e João Paulo Pessoa. Outra forma de analisar o nível de participação do Brasil no comércio internacional é observar o ranking mundial do país entre os maiores exportadores e importadores. Via de regra, segundo Ornelas, Pessoa e Ferraz, a posição de um país no ranking do PIB é similar à sua posição no ranking de exportações e importações. O Brasil é um dos países que mais se distanciam desse padrão: em 2018, a economia brasileira era a nona do mundo, mas estava em 21º lugar entre as maiores importadoras e em 27º no ranking das maiores exportadoras, deixando clara a baixa integração no comércio internacional.

RANKING MUNDIAL

PAÍS	PIB	EXPORTAÇÕES	IMPORTAÇÕES
EUA	1º	1º	2º
China	2º	2º	1º
Japão	3º	8º	4º
Índia	7º	15º	19º
Brasil	9º	27º	21º

Fonte: World Integrated Trade Solution (WITS), presente no livro *Política comercial no Brasil.*

Naturalmente, economias grandes tendem a ser menos dependentes do comércio internacional e apresentar taxas de abertura mais baixas do que economias menores, porque possuem mercados internos robustos e recursos suficientes para permitir especialização em um leque de produtos e serviços mais amplo que o das economias pequenas. Mas é possível também calcular a taxa de abertura esperada para cada país a partir do tamanho da sua economia.

Enquanto a taxa de abertura brasileira em 2018 foi de 29%, a abertura prevista pelo tamanho da sua economia era de 66%. São raros os países cuja diferença entre taxas previstas e observadas é tão pronunciada. Considerando outros países emergentes ou com PIB semelhante, alguns ficam abaixo, mas menos distantes do valor previsto, como África do Sul e Chile, enquanto outros superam o valor previsto, como México e Coreia do Sul.

Outra medida interessante: países fortemente integrados em cadeias globais de valor importam vários produtos intermediários, como vidro e plástico, adicionam algum valor transformando em um produto acabado, como um vaso, por exemplo, e exportam. Nesse caso, para cada dólar exportado, apenas uma parcela corresponde aos valores gerados no próprio país.

Na China, para cada dólar exportado, 61 centavos correspondem ao valor adicionado dentro do país, sendo os demais 39 centavos correspondentes a valor criado em outros países. No Brasil, o valor das suas exportações gerado em outros países corresponde a apenas 13 centavos. Estudo da OCDE calcula o conteúdo importado que está contido nas exportações em 55 países. O Brasil ocupa o 53º lugar, ficando à frente apenas de Arábia Saudita e Rússia, reforçando a avaliação de que a economia brasileira é pouco integrada às cadeias globais de valor.

Testes econométricos evidenciam o efeito do aumento da abertura comercial sobre a renda per capita dos países. Para os Estados Unidos, a maior abertura comercial vivenciada pelo país desde 1950 resultou em aumento de renda per capita de 12%, de acordo com estimativas de Frankel citadas no livro *A economia: como evoluiu e como funciona*, o que mostra que os ganhos são ainda mais importantes para países pobres.

Claro que a abertura não é uma panaceia, ou seja, não resolve todos os problemas. Precisa estar acompanhada de melhorias das condições básicas ao crescimento, como estabilidade macroeconômica, educação de qualidade, infraestrutura, sistema tributário mais simples e avanço em ciência e tecnologia, por exemplo. Por isso, a abertura deve fazer parte de um plano robusto, como foi feito na Ásia. O que fizeram os asiáticos? Coreia do Sul, Taiwan, China e o próprio Japão, que antecedeu todos esses e teve um modelo de industrialização muito próprio, começaram do mesmo ponto, adotando a substituição de importações como política-chave. Sim, foram protecionistas, se fecharam em um primeiro momento, como fizemos lá atrás. Porém, todos usaram essa proteção temporária para fortalecer a indústria local e, aos poucos, tinham como meta se abrir para o comércio internacional.

"A China, por exemplo, fez a transição para a industrialização de forma muito rápida. O país começou com produtos manufaturados simples, com uma substituição de importações em setores mais tradicionais, como têxtil e calçados, que não empregavam muita tecnologia e que tinham uma absorção imensa de mão de obra. Mas, com o tempo, a China foi subindo a escada da industrialização, à medida que foi tendo acesso a tecnologias mais avançadas, que permitiram o surgimento de outros setores industriais", conta Monica.

Hoje a China é um dos principais produtores de chips e semicondutores, com um polo tecnológico grande, depois de fazer uso da política de substituição de importações e protecionismo, deixando essas medidas de lado. Ao se abrir cada vez mais para os mercados internacionais, absorveu e incorporou a tecnologia de fora. A proteção aos setores da economia brasileira nunca esteve ligado ao desempenho exportador. O objetivo sempre foi viver do mercado interno. E quando um país não está na fronteira tecnológica e se abstém de competir internacionalmente, inevitavelmente fica para trás. "A substituição de importações não pode ser uma política permanente. Quando se compara a política industrial brasileira com a asiática, os asiáticos sempre tiveram foco no mercado internacional", explica Mário Mesquita, ex-diretor do Banco Central e economista-chefe do Itaú.

Na mesma linha, o professor José Pastore, especialista em relações do trabalho e professor da FEA-USP, diz que a indústria brasileira perdeu o bonde da globalização. "Veja o agronegócio brasileiro, com produtividade de ponta. O setor é grande exportador e reduziu preços de alimentos porque houve pesado investimento em ciência e tecnologia através da Embrapa. Antes disso, o Brasil importava alimentos, a maior parte da produção era feita por pequenas propriedades. Houve um plano para tornar o agronegócio competitivo", diz Pastore, um dos criadores da Empresa Brasileira de Pesquisa Agropecuária (Embrapa), que completou 50 anos em 2023.

"Para concorrer no mercado internacional, formamos 2 mil pesquisadores em Ph.Ds nas maiores universidades internacionais, que desenvolveram as culturas locais. E a competição acirrada impõe cuidar muito bem da produtividade e da logística. A indústria nunca teve isso e está com desenvolvimento tecnológico muito atrasado", diz Pastore. O economista-chefe da Federação das Indústrias do Estado de São Paulo (Fiesp), Igor Rocha, concorda que é preciso transpor para a indústria o caso de sucesso do agronegócio. O setor industrial já representou 14,5% do PIB brasileiro e caiu para 9,1% do PIB em 2022. "A indústria não consegue operar na fronteira tecnológica. As máquinas do parque industrial brasileiro têm 14 anos e as do agronegócio têm metade do tempo, mais modernas e produtivas, porque o agro tem acesso a crédito barato e carga tributária menor. Se houver igualdade de oportunidades, vamos ter uma economia mais competitiva. É isso o que está faltando no Brasil", avalia Rocha.

Apesar do histórico protecionista, mais recentemente o Brasil tem buscado redirecionar sua política comercial, tornando-a mais aberta. Uma das formas de intensificar a abertura comercial de um país é pela participação de acordos de livre-comércio. Foi um avanço importante a conclusão das negociações do acordo do Mercosul com a União Europeia, que ainda depende da ratificação pelo Conselho e Parlamento europeus. Há resistências, principalmente da França, que protege fortemente o setor agrícola. O acordo teve apoio das principais entidades da indústria no Brasil, como a Confederação Nacional da Indústria (CNI) e a Fiesp.

O Mercosul também avançou em negociações com diversos países, incluindo Singapura, Canadá, Coreia do Sul, União Europeia, Associação Europeia de Livre Comércio (EFTA, em inglês) e, em menor grau, iniciou conversas com Líbano, Indonésia e Vietnã. Houve um esforço de modernização do próprio Mercosul, com duas rodadas de redução tarifária, sendo que apenas a primeira delas foi homologada pelos quatro sócios do Mercosul e a segunda foi feita de forma unilateral pelo Brasil, em caráter excepcional, em função da pandemia.

Vale destacar, ainda, a entrada em vigor, em 2022, do novo protocolo entre Estados Unidos e o Brasil, que atualiza o Acordo de Comércio e Cooperação Econômica (ATEC, em inglês), de 2011. O protocolo apresenta três pilares, centrados na facilitação do comércio, nas boas práticas regulamentares e no combate à corrupção. Segundo as autoridades americanas, este terá sido um dos protocolos não tarifários mais modernos já negociados pelos Estados Unidos com um parceiro comercial. Outras medidas que visam reduzir o custo de importação foram implementadas, como a extinção de várias licenças de importação redundantes, além da facilitação do comércio com a redução expressiva dos atrasos nas operações de exportação e importação.

Apesar dos esforços, eles não foram suficientes para mudar fundamentalmente o quadro de uma abertura limitada e de termos uma economia entre as mais protegidas do mundo.

O Mercosul continua a ser o acordo de livre-comércio mais significativo, mas enfrenta limitações de tamanho, desenho e execução, problemas exacerbados pela falta de consenso político entre seus membros e pela volatilidade macroeconômica da Argentina, sua segunda maior economia, segundo artigo "Abertura e produtividade", dos economistas Marcelo Dolabella e Mauricio Mesquita, presente no já citado livro *O desafio da produtividade.*

Desde a fundação do Mercosul, o Brasil assinou apenas seis acordos, sendo somente dois de livre-comércio: Mercosul-Israel, em 2009, e Mercosul-Egito, em 2017. No mesmo período, o México assinou 18 acordos, sendo 14 deles de livre-comércio, e o Chile assinou 29 acordos, sendo 27 de livre comércio.

O Brasil tem uma grande oportunidade de sair do seu isolacionismo histórico nesta nova reconfiguração das cadeias globais. Desde que Donald Trump assumiu o segundo mandato como presidente dos Estados Unidos, levantando barreiras comerciais contra produtos importados, cresceu o interesse dos países em fazer novos acordos comerciais. A estratégia do governo Trump foi encarecer produtos importados para estimular a produção local, com o slogan "torne a América grande de novo" (*Make America Great Again* - MAGA).

Mas a consequência, segundo projeções, pode ser menos crescimento e mais inflação. Os americanos produzem 15% de todos os bens produzidos no mundo e consomem 29% do total da produção mundial. Portanto, ao encarecerem as importações com barreiras tarifárias, junto com uma política anti-imigração, a tendência é aumentar o custo de produção. A perspectiva de piora da maior economia do mundo prejudica todos os países, especialmente a China, que tem situação inversa à dos Estados Unidos, produzindo 32% de todos os bens e consumindo 12% deles, um modelo de desenvolvimento baseado nas exportações.

O que os Estados Unidos demoraram oitenta anos para construir, o presidente americano começou a destruir em poucos meses de mandato. Não existirão vencedores nesse processo de quebra de todo o sistema pós-Segunda Guerra Mundial, criado pelos próprios americanos, que foram muito beneficiados exportando serviços sofisticados, altamente integrados em cadeias globais de valor. Boa parte dos argumentos contrários à globalização não se sustenta na lógica econômica, sendo uma das alavancas mais poderosas para a geração de prosperidade em nível global.

Como eu disse no início, a globalização não morreu e o Brasil pode se beneficiar fazendo novos acordos comerciais, se inserindo no mundo e deixando seu isolacionismo para trás. O país precisa de mais investimentos, avanços tecnológicos e ganhos de renda para a população brasileira. Podemos fazer do limão uma limonada.

8 ARMADILHA #6: INFRAESTRUTURA PRECÁRIA

A infraestrutura de um país é um dos pilares do seu desenvolvimento econômico. Uma boa infraestrutura reduz custos, facilita a produção, o comércio e a movimentação de bens e serviços, além de promover bem-estar social ao prover melhores condições de vida, como água potável e saneamento básico. Esse não é o caso do Brasil, que sofre com uma infraestrutura precária.

No Brasil, o estoque de capital, formado por estradas, ferrovias, portos, aeroportos, hidrovias, canais, açudes, adutoras, usinas geradoras de energia elétrica, linhas de transmissão de energia, redes de comunicação, entre outros, representava 36% do PIB em 2024. Para ter uma infraestrutura eficiente, o estoque deveria ser de 60% do PIB, segundo o economista Claudio Frischtak, referência nos estudos sobre infraestrutura, fundador da Inter. B Consultoria Internacional de Negócios.

O baixo estoque de capital ainda é combinado a uma deficiência de qualidade da infraestrutura existente, tornando excessivamente onerosas diversas atividades produtivas, reduzindo a competitividade das exportações e contribuindo para a baixa produtividade total da economia.

TRAJETÓRIA DO ESTOQUE DE CAPITAL EM INFRAESTRUTURA, 1970-2024 (% DO PIB)

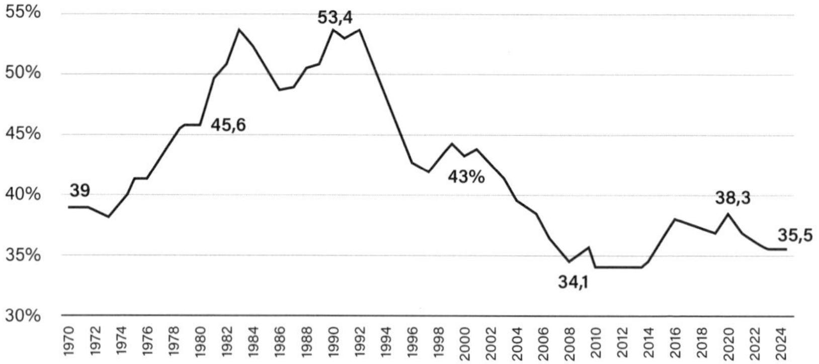

Fonte: Inter.B Consultoria

No gráfico, é possível ver que houve forte crescimento nos investimentos em infraestrutura nos anos 1970, que se estenderam até o início dos anos 1990 e recuaram a partir dali. "Nesse período de crescimento, era basicamente o Estado que investia. A participação privada era bem limitada. Houve muito investimento, mas, como se sabe, houve forte endividamento e, depois da segunda crise do petróleo, entramos na crise da dívida e o investimento público foi secando", conta Frischtak.

Como vimos no capítulo sobre as contas públicas, o endividamento público tem limitado a capacidade de investir do governo. Para sustentar crescentes aumentos em gastos correntes, os cortes em investimentos são constantes. Nos dados do PIB de 2023, os investimentos em relação ao tamanho da economia estavam em 16,5%, um patamar abaixo da média dos últimos 25 anos e abaixo da média internacional.

Segundo Frischtak, entre 2022 e 2024, os investimentos em energia elétrica, telecomunicações, saneamento e transportes ficaram abaixo de 2% do PIB, sendo, aproximadamente, um terço de fontes públicas e dois terços de agentes privados. "Uma taxa de investimento abaixo de 2% do PIB não difere significativamente do desempenho das últimas duas décadas, sendo insuficiente para assegurar a provisão de infraestrutura e os serviços associados capazes de responder à demanda das empresas, às necessidades das famílias, e os requisitos de integridade e resiliência dos ativos para o bem-estar da sociedade. Nos próximos anos, é imperativo ampliar os investimentos para uma média de 4% a 4,5% do PIB", afirma.

O atual nível de investimentos é insuficiente até para manter a infraestrutura existente em alguns setores. A depreciação do estoque é de aproximadamente 1,4% do PIB por ano, ou seja, esse percentual apenas mantém o que já existe.

No ranking de infraestrutura mundial "The Global Competitiveness Report", do Fórum Econômico Mundial, em 2018, estávamos na posição 81 de um total de 140 países, e nossas piores posições foram em qualidade das estradas (112º), eficiência de portos (105º) e trens (97º).

A experiência internacional mostra que investimentos públicos andam junto com investimentos privados até mesmo em países com alta participação privada, como Inglaterra e Austrália, explica o economista Fernando Camacho, do Banco Mundial, responsável pela estruturação de projetos no Brasil de concessões e Parcerias Público-Privadas (PPPs). "Por exemplo, mesmo com o aumento significativo de participação privada no setor rodoviário, de 10% a 15% das estradas federais são concessões privadas. Para atingir o nível de investimentos necessário, o setor público deverá ter papel relevante, seja por meio de obras públicas, seja por meio de pagamentos em PPPs", diz Camacho.

Na década de 1990, houve aumento de investimentos privados com privatizações e avanços regulatórios, como a Lei dos Portos, a Lei das Concessões e as PPPs. Mas foi uma transição incompleta. O Brasil nunca conseguiu melhorar suficientemente a infraestrutura, diante de problemas regulatórios e de insegurança jurídica.

A segurança jurídica é um alicerce para a atração de investimentos. Direitos e deveres mal definidos, baixa capacidade de resolução de conflitos e morosidade são fatores que prejudicam o ambiente de negócios. "Estabilidade das regras e segurança jurídica são fundamentais na experiência internacional, evitando mudanças bruscas e pouco compreensíveis aos investidores, seja à luz do Direito ou às normas aceitas no país", afirma Frischtak.

A insegurança jurídica vem prejudicando o ambiente de negócios. Entre os elementos estão a complexidade, as imprecisões e as brechas das leis; e as mudanças constantes, sem critério claro e, muitas vezes, com efeito retroativo, o que levou à famosa frase do ex-ministro da Fazenda, Pedro Malan: "No Brasil, até o passado é incerto". Um dos casos mais emblemáticos de insegurança jurídica no Brasil foi a mudança abrupta das regras do setor elétrico em 2012. Para forçar uma redução do custo da energia elétrica ao consumidor, o governo antecipou a renovação das concessões de geração e transmissão de energia que venceriam entre 2015 e 2017, impondo tarifas mais baixas e oferecendo compensações financeiras insuficientes às empresas. Resultado: além da forte desvalorização das empresas do setor na Bolsa de Valores e perdas de receitas, aumentou a percepção de risco regulatório no Brasil, afetando fortemente a imagem do país como destino confiável para investimentos de longo prazo, especialmente em infraestrutura.

São muitos casos de insegurança jurídica. Claudio Frischtak cita uma disputa judicial entre o governo e a Concer, Companhia de Concessão Rodoviária Juiz de Fora-Rio de Janeiro, controladora de um trecho da rodovia federal BR-040. A disputa girou em torno de um aditivo contratual, no qual o governo federal se comprometeu a aportar recursos em obras, mas os pagamentos não foram feitos na sua totalidade, o que levou à interrupção das obras e a um rombo financeiro na concessionária, que entrou em recuperação extrajudicial em 2017. O contrato teria vencido em 2021, mas a companhia conseguiu prolongar até o início de 2025 por meio de decisões judiciais.

Nenhum governo e nenhum programa de investimentos isoladamente poderão dar resposta à necessidade de modernização da infraestrutura no país. "Esse é um dever de Estado, que supõe três condições fundamentais: continuidade, estabilidade e previsibilidade", diz Frischtak.

Os maiores esforços em termos relativos terão de ser realizados em transportes e saneamento, segundo Frischtak. Ele diz que é realista supor que nos próximos quinze anos, a partir de 2025, seja possível expandir a taxa de investimento. Estima-se que há capacidade de saltar de aproximadamente 1,85% do PIB, valor de 2024, para uma taxa média de 2,65% entre 2025 e 2031 e subir para 3,65% no quinquênio seguinte, chegando a 5,85% já ao final da década de 2040.

"Uma ampliação da taxa de investimento relativamente modesta tem enorme impacto no estoque de capital em infraestrutura e, logo, no potencial de crescimento do país", diz. Os cálculos apontam que, em seis anos, o PIB potencial aumentaria em 0,28% do

PIB e daria um alívio à inflação nessa mesma proporção. Nesse ritmo, seria possível dobrar o PIB potencial do país para cerca de 4% no final da década de 2040.

Como o tempo necessário para se elaborar e contratar os investimentos em infraestrutura é de, no mínimo, dois anos, é fundamental que as políticas públicas tenham um mínimo de perenidade. "As decisões e os mecanismos de implementação dos projetos devem blindá-los, de certa forma, das mudanças de governo. Descontinuidades acabam levando a 'soluços' de investimentos de tempos em tempos, como o ocorrido no país nas últimas décadas", escrevem os economistas Fernando Camacho e Fabiano Pompermayer, em artigo no livro *O desafio da produtividade*.

O apoio de agências regulatórias, com independência administrativa e autonomia decisória, também é fator importante. "Há retrocessos em algumas dimensões regulatórias. As agências já tiveram muito mais autonomia e muitas foram capturadas por forças políticas. A pior situação é do Conselho Administrativo de Defesa Econômica (Cade)", afirma Frischtak.

A economista Solange Srour, diretora de macroeconomia do UBS Wealth Management, diz que decisões recentes do Cade foram no sentido oposto de sua função, que é estimular a concorrência e evitar monopólios que prejudicam os consumidores. Em 2019, a Petrobras e o Cade firmaram termos de compromisso para a venda de 50% da capacidade de refino. Apenas três das oito refinarias foram vendidas e o Cade anunciou um acordo que desobriga a continuidade do plano de venda. "É uma decisão ruim, que contribui para o baixo investimento no Brasil, reforçando a visão de que as regras mudam o tempo todo", diz.

O cenário é de fragilidade da governança no país. Governança é um conjunto de processos, que inclui planejamento, programação e fiscalização, definindo prioridades e evitando desperdícios. "Eu já trabalhei em todos os tipos de países, grandes e complexos, como China, Índia e países menores, e posso afirmar que, na comparação mundial, nossa governança é muito frágil", conta Frischtak.

O planejamento de longo prazo, infelizmente, não fez parte da cultura da administração pública do país nas últimas duas décadas. Apenas o setor de energia elétrica tem um plano com horizonte mais amplo (o Plano Nacional de Energia - PNE 2050). Há ainda, no setor logístico, a iniciativa do Plano Nacional de Logística (PNL), com o horizonte de 2035.

Um estudo do Ipea de 2018, de autoria de Alexandre Gomide e Ana Karine Pereira, que avaliou o Programa de Aceleração do Crescimento (PAC) entre 2007 e 2015, mostra que os problemas tinham origem em decisões tomadas nas fases de planejamento setorial, estruturação dos projetos e contratação dos consultores. "Havia uma percepção, naquela época, de que os investimentos do programa eram muito lentos devido à burocracia nos processos de licenciamento ambiental, à atuação excessiva dos órgãos de controle e aos conflitos com a sociedade civil durante a implementação das obras. E os resultados dos estudos não comprovaram as hipóteses", dizem Camacho e Pompermayer.

Como aponta o estudo, a resolução dos problemas teria sido mais efetiva e mais fácil se tivessem sido adotadas algumas recomendações: tornar o planejamento setorial mais robusto, com análises de riscos para antecipar possíveis problemas que ocorrem nas fases de obras; melhorar o processo de contratação dos projetos, o que inclui projeto de engenharia, privilegiando a qualidade em vez do custo e ampliando a análise de riscos; e aprimorar os processos de licitação e o desenho de contratos.

Outros estudos chegaram a conclusões semelhantes, apontando graves falhas no planejamento, na estruturação dos projetos e na contratação dos consultores. As falhas custam caro à população. Segundo relatório do FMI já citado no capítulo das contas públicas, o Brasil poderia ter 39% a mais de benefícios com o mesmo volume de investimento. Nossa perda de eficiência é maior que as médias dos países emergentes (27%) e da América Latina (29%).

Algumas saídas são apontadas pelos pesquisadores para evitar os problemas de planejamento, estruturação e contratação de projetos pelo setor público. Usar os bancos públicos de fomento para suprir suas carências de pessoal qualificado é uma das alternativas apontadas. O BNDES, por exemplo, reforçou a área de estruturação de projetos, e passou a chamá-la de "fábrica de projetos". Atualmente, o banco atua nos mais diversos setores. Nos últimos anos, foi responsável por importantes projetos, como as concessões de lotes da Companhia Estadual de Águas e Esgotos (Cedae) do Rio de Janeiro, e a privatização da Eletrobras.

A Caixa Econômica, com sua capilaridade municipal, criou uma divisão de projetos com foco em municípios e se tornou braço operacional do Fundo de Estruturação de Projetos (FEP) do governo federal, atuando em diversos setores, como iluminação pública, saneamento e resíduos sólidos.

O Banco Mundial e o BID também têm fortalecido a atuação no Brasil. Como resultado, o Brasil desenvolveu um robusto mercado de estruturadores independentes, auxiliando governos nessa importante etapa da cadeia de projetos de infraestrutura.

O planejamento de longo prazo para o setor de infraestrutura, calcado em análises robustas de retorno socioeconômico, pode contribuir para a redução de ineficiências recorrentes na implantação dos projetos. Uma boa experiência recente foi a implantação do Programa de Parceria de Investimentos (PPI), com a implementação de processos e práticas para dar maior transparência e atratividade à sua carteira de projetos, segundo Camacho e Pompermayer.

Eles relatam que algumas medidas simples, mas de alto impacto foram tomadas no programa, lançado em 2016: reunião de todos os projetos de parceria em um único portal, tradução para o inglês de todos os documentos, e maior prazo entre a divulgação do edital e a realização da licitação. O objetivo foi facilitar a busca de informações pelos investidores ainda não familiarizados com infraestrutura no Brasil, em especial os estrangeiros, e aumentar o número de participantes nas licitações.

Apesar de ainda distante das melhores práticas internacionais, o Brasil evoluiu muito nos últimos anos. Segundo Camacho, houve um aperfeiçoamento em contratos. Há dez anos, não se discutia sobre divisão de riscos com os governos e o Tribunal de Contas da União (TCU). Como consequência de contratos menos sofisticados, havia pouca concorrência nos leilões ou o problema de seleção adversa, em que empresas ofereciam tarifas muito baixas e não conseguiam executar os investimentos previstos. Com a melhor alocação de riscos entre as partes e o aperfeiçoamento de regras contratuais, com base em boas práticas internacionais, foi possível cobrar investimentos e qualidade dos serviços prestados, com maior presença privada em rodovias, aeroportos e saneamento.

Um avanço recente foi a Nova Lei de Licitações, de 2021, implementada em dezembro de 2023, em substituição à desatualizada legislação anterior. A nova lei avança na direção de países de referência, ao incluir ferramentas mais avançadas que podem melhorar o sistema de contratações públicas.

Há também avanços em marcos regulatórios em diversos setores, permitindo maior atração de investimentos privados ao país no setor de telecomunicações, ferroviário, aéreo e navegação de cabotagem, embora ainda sejam insuficientes.

No setor de saneamento, o Novo Marco do Saneamento Básico, de 2020, foi uma mudança significativa. Foi estabelecido como regra que os contratos de concessão para prestação do serviço sejam precedidos de licitação, o que já valia para todos os demais setores de infraestrutura. Nesse setor, porém, eram permitidos contratos de programa entre o município e a respectiva companhia estadual de saneamento, sem a necessidade de licitação prévia. O modelo não foi suficiente para promover a universalização dos serviços de abastecimento de água e coleta e tratamento de esgoto. "O motivo, muito provavelmente, foi o excesso de ingerência política nas empresas, como não permitir a cobrança de tarifas em valor suficiente para remunerar os serviços, gestão ineficiente e captura dos ganhos da operação por grupos específicos, em vez de direcioná-los aos investimentos necessários", relatam Camacho e Pompermayer.

O marco estabeleceu a meta de universalização dos serviços de água e esgoto até 2033. Em 2022, a proporção de domicílios no Brasil com acesso à rede de coleta de esgoto estava em 62,5%. Apesar dos avanços, ainda há 49 milhões de pessoas sem atendimento adequado. A água encanada chegava para 95,1% dos brasileiros. Nos novos contratos, há metas claras de investimento e regulação tarifária contratual. Concessões e privatizações de empresas estaduais vêm ocorrendo, com as novas diretrizes, como nos estados do Rio de Janeiro, Alagoas, Amapá, Rio Grande do Sul e, mais recentemente, São Paulo.

No setor de gás natural, há uma janela de oportunidade para o desenvolvimento do setor. Em 2019, a Petrobras assinou um Termo de Cessão de Conduta com o Cade, visando reduzir, de forma significativa, sua participação no mercado de gás natural e aumentar a competitividade e a dinâmica dessa indústria. E em 2021 foi sancionado o Novo Marco Legal do Gás, para viabilizar a abertura do setor, a atração de novos investidores e a queda nos preços do gás.

Há muito trabalho a ser feito na área de infraestrutura no Brasil, mas é importante continuar aperfeiçoando os marcos regulatórios e os contratos, e não retroceder. Além disso, as condições macroeconômicas precisam melhorar. "Os grupos nacionais já estão no limite da capacidade de investimentos. Sem melhorar as condições macro, teremos gargalos", diz Camacho. Há muitos investidores internacionais que só investem em países que são *investment grade* (grau de investimento concedido pelas agências de risco a países considerados seguros para se investir) ou que pertencem à OCDE. Mas, para que isso aconteça, precisamos voltar ao início: melhorar o equilíbrio das contas públicas para ter juros menores e câmbio estável.

9 CONFIANÇA: DESARMANDO AS ARMADILHAS

Nesta reta final do livro, é possível perceber que as armadilhas estão conectadas e têm uma característica em comum: todas tiram produtividade da economia, que usualmente é medida pela quantidade de produtos e serviços produzidos por horas trabalhadas. **Na Armadilha #1**, o desequilíbrio das contas públicas, mostrei que o país gasta mais do que arrecada e, por isso, tem baixa poupança e investe pouco. A taxa de investimento no Brasil, considerando público e privado, como proporção do PIB estava em 16,5% em 2023, segundo o IBGE, abaixo da média da América Latina (excluindo o Brasil), de 21%, segundo o Banco Mundial. E quanto mais endividado fica um país, mais arriscado ele se torna e mais juros ele paga.

O que nos leva à **Armadilha #2**, juros altos. Sem capacidade de se financiar através de poupança própria, o governo precisa sempre de mais empréstimos, o que eleva os juros. A lógica é a mesma de um cliente bancário. Na primeira vez que você pede empréstimo, o banco te cobra uma taxa. Mas, se você pede dinheiro emprestado todo mês, certamente a taxa vai ser mais alta. Juros altos significam crédito caro para pessoas e empresas, travando investimentos e dificultando o consumo.

Além de o país gastar muito, também gasta mal. **Na Armadilha #3**, o desafio da educação, vimos que os gastos com educação aumentaram bastante nas últimas décadas, o acesso e a permanência dos jovens na escola melhoraram, mas as deficiências na formação dos estudantes se acumulam a cada ano escolar. Segundo o Ministério da Educação, em 2023, quase metade das crianças (44%) que estudavam em escola pública chegavam aos 7 anos de idade sem saber ler e escrever. E o preço disso é imenso: menos produtividade e mais desigualdade. A solução passa por valorizar o professor, investir na primeira infância, reduzir a evasão escolar no ensino médio e buscar as boas práticas que existem em muitos cantos do país.

Para sustentar esse gasto alto e ineficiente, caímos na **Armadilha #4**, o manicômio tributário, como é chamado o nosso sistema tributário. É um sistema caro, injusto, complexo e que distorce a forma de organização da economia, com o patrimonialismo disseminado em vários benefícios e proteções estatais distribuídos para segmentos da sociedade e do setor privado. A Reforma Tributária sobre o consumo é uma luz no fim do túnel, representa um avanço significativo do sistema caótico atual, com potencial de impulsionar o PIB em pelo menos 10% nos próximos 15 anos. Mas houve muitas exceções e a nossa alíquota de referência deve ser a mais alta do mundo. E ainda há muita distorção no Imposto de Renda. A reforma sobre o consumo foi apenas o início das mudanças necessárias para reduzir injustiças tributárias.

Com tarifas altas de importações, o Brasil se tornou um dos países mais fechados do mundo, caindo na **Armadilha #5**, a baixa abertura ao comércio internacional. O país ficou fora das cadeias globais de valor, que ganharam força por volta de 1985, com o conceito de vantagem comparativa, que é a capacidade que um país tem de produzir um bem ou serviço com melhor qualidade e custo menor do que outro. É comum no Brasil as pessoas pensarem que o país tem que produzir tudo, a produção local deve ter preferência e só se deve importar aquilo que não consegue produzir. É a noção de autossuficiência. Mas ninguém sabe fazer tudo muito bem. Focando nas vantagens comparativas, os países se integram nas cadeias globais de valor e têm acesso a tecnologias de ponta e a melhores práticas de gestão internacional, o que contribui fortemente para a inovação, a redução de custos e o maior acesso a bens e serviços de melhor qualidade.

Mas, para sermos competitivos, precisamos de boa infraestrutura no país, o que nos levou à

Armadilha #6, infraestrutura precária. O estoque de capital do Brasil, formado por estradas, ferrovias, portos e aeroportos, entre outros, representava 36% do PIB em 2024. Para ter uma infraestrutura eficiente, o estoque deveria ser de 60% do PIB, segundo a Inter.B Consultoria. A insegurança jurídica vem prejudicando o ambiente de negócios. Entre os elementos estão a complexidade, as imprecisões e as brechas das leis; e as mudanças constantes, sem critério claro e, muitas vezes, com efeito retroativo, o que levou à famosa frase do ex-ministro da Fazenda Pedro Malan: "No Brasil, até o passado é incerto".

Em todos esses temas, um fio invisível costura as soluções: **confiança**. Falta confiança nas instituições, nas regras e nos rumos do país. A confiança atrai investimentos, gera empregos e sustenta o crescimento. E confiança é construída com responsabilidade e compromisso dos governos, das empresas e da sociedade civil, com a gestão do estado no combate às desigualdades e à exclusão. Só assim poderemos desarmar as armadilhas que nos impedem de transformar a galinha em gavião.

CAPÍTULO FINAL
VOAR COMO GAVIÃO: O QUE MANTÉM A ESPERANÇA VIVA?

Caro(a) leitor(a),

Diante dos enormes desafios a serem enfrentados, como manter a esperança em um futuro melhor para o Brasil? Acredito que em muitos momentos você, assim como eu, se sinta desamparado, sem enxergar saídas para o nosso país. Mas é exatamente aqui que este livro se posiciona: entre o problema e a solução, entre o desistir e o resistir, entre o que foi (ou não foi) e o que podemos ser, entre a angústia e a esperança. Um livro que se propõe ser ponte, que ajude a transformar a galinha em gavião.

Mas o que mantém a sua esperança viva? Fiz essa pergunta para os economistas que me ajudaram a escrever este livro. Me emocionei e me senti honrada quando ouvi algumas vezes que esta obra alimentava a esperança deles. "O que está faltando é as pessoas lerem o seu livro e entenderem que temos tudo para ser uma tremenda democracia. Não somos um país em guerra, temos instituições democráticas relativamente sólidas, somos super-ricos em recursos naturais, a gente é quase uma Austrália. Não existe um conjunto de pessoas inteligentes e íntegras para conduzir o Brasil na direção certa? Claro que existe. Mas a gente não está dando os poderes para essas pessoas", avalia Ricardo Paes de Barros, referência mundial nos estudos de pobreza e desigualdade e um dos criadores do Bolsa Família.

Temos muitas vezes a sensação de que nadamos, nadamos, e não saímos do lugar. Mas isso não é verdade. O Brasil está avançando, embora em ritmo lento e com muitas idas e vindas ao longo do percurso. "Eu mantenho a minha esperança em um futuro melhor para o Brasil como economista que há mais de 50 anos estuda e observa o nosso país. Vejo que o Brasil muda com muita dificuldade, mas muda. As dificuldades vão se acumulando e o país só muda quando a situação fica realmente difícil. Mas aí muda com uma vantagem: em geral, não volta para trás. O maior exemplo desse avanço que veio para ficar foi o controle da inflação. A estabilidade é um valor que nós realmente assumimos e isso é uma precondição, como se sabe, para um crescimento sustentado", observa José Roberto Mendonça de Barros, sócio da MB Associados.

Para Mendonça de Barros, a maior parte da população tem uma firme vontade de progredir e a percepção de que o progresso é fruto de uma construção longa. "O progresso não vem de um grande lance de gênio, como aqueles que decidem uma partida de futebol", diz. "É resultado de um trabalho árduo, conhecimento e uma construção longa, que vai gerando projetos, países e pessoas capazes de seguir adiante, mesmo em condições mais difíceis. Só assim que as coisas melhoram. Como eu acredito que essa é a chave, mantenho a esperança em um futuro melhor para o Brasil", conclui Mendonça de Barros.

Além do controle da inflação, Alessandra Ribeiro, sócia da Tendências Consultoria, diz que mantém a esperança diante de uma série de avanços no país. "O Brasil está evoluindo. Não no ritmo que a gente gostaria, mas tem uma evolução em curso. Quando a gente compara o país hoje com os problemas que a gente tinha na década de 1980, vemos uma evolução bastante grande. Além de domar a inflação, o país evoluiu em regras importantes, na política monetária, avançou em reformas fundamentais como a tributária sobre o consumo, na agenda de inovação, inclusive no âmbito do Banco Central, e mesmo em relação à política fiscal. A vigilância das instituições força correções de rotas e medidas de ajustes para a gente continuar nesse processo de evolução", pontua Alessandra.

A criatividade e o empreendedorismo do brasileiro alimentam a esperança do economista Luis Otavio de Souza Leal, especialista em inflação e economista-chefe da G5 Partners. "Poucos países têm um povo tão criativo e empreendedor quanto o Brasil. O que falta são os meios para que se desenvolva esse potencial. E o principal deles é a educação. Nenhum país se desenvolveu sem investimentos pesados em educação. Mas isso não rende votos, porque é um investimento de décadas", destaca Luis.

A ex-secretária do Tesouro Nacional, especialista em contas públicas, e economista-chefe do Santander, Ana Paula Vescovi, olha para o Brasil com otimismo por vários aspectos que vê nas pessoas e na economia. "Destaco o crescimento recente de um segmento social mais disruptivo e questionador, que almeja autonomia, quer empreender, inovar e crescer. E ser menos dependente do Estado", avalia.

A ligação dos jovens brasileiros com a tecnologia também é destacada pelo ex-ministro da Fazenda Pedro Malan. "Tenho muita confiança nessa característica dos jovens de serem muito ligados à tecnologia. Vejo no agronegócio que tem uma nova geração que é tecnologicamente muito avançada. Razão pela qual passamos de 100 milhões de toneladas de produção em 2001 para 300 milhões em 2023. Isso é aumento de produtividade, não é expansão de área plantada somente. É uma geração muito ligada em tecnologia e isso é um sinal muito importante. O segredo do sucesso de Estados Unidos, França e Alemanha, por exemplo, foi ter percebido, no final do século XVIII, que não podiam ficar muito distantes da fronteira tecnológica que era a Inglaterra", avalia Malan.

O ex-ministro destaca a importância da tecnologia para o avanço chinês. "A genialidade de Deng Xiaoping, um dos grandes estrategistas do século passado, foi ter percebido que a China tinha que se abrir para o mundo, absorvendo tecnologia e investindo em educação de qualidade. Eles enviaram milhões de jovens chineses para estudar nas melhores universidades do mundo em ciência, matemática, tecnologia, computação, computação quântica, e hoje disputam com os Estados Unidos em algumas dessas áreas, como inteligência artificial. A China era um país miserável, era paupérrimo 40 anos atrás, mas teve sentido de direção e propósito", analisa Malan.

Os avanços em educação no Brasil, segundo Priscila Cruz, da ONG Todos pela Educação, alimentam sua esperança. "Se não fosse a participação da sociedade, a educação estaria muito pior. Tem muita gente participando, com propostas qualificadas, articulando e construindo pontes. Destaco o enorme avanço no aprendizado adequado de língua portuguesa no Fundamental 1. Saímos de 27% em 2007 para 60% em 2017. Em dez anos subimos 30 pontos percentuais. Isso é consequência de políticas acertadas. É pouco comentado o trabalho da sociedade", conta Priscila.

Para a economista Zeina Latif, cuidar do capital humano é promover a cidadania. "A literatura econômica ensina que o capital humano é o alicerce para a construção de desenhos institucionais pró-crescimento. É essencial ter uma sociedade com nível educacional adequado, para elevar a produtividade e exercer a cidadania. Cuidar do capital humano não tem sido uma prioridade da elite brasileira patrimonialista, mas há esperança no futuro, pois a sociedade amadurece. A classe média usuária de serviços públicos se mostra cada vez mais exigente e participativa, impactando paulatinamente a política".

Para Claudio Frischtak, um dos maiores especialistas em infraestrutura do país, da consultoria Inter.B, a esperança vem da crença de que há um processo de aprendizado na sociedade. "Esse aprendizado impede a volta a um governo autoritário; apoia a redução da desigualdade e a luta pela eliminação da pobreza; entende o valor de uma moeda estável; e discorda de forma radical com a corrupção nos meios políticos. O aprendizado da sociedade e o regime democrático impelem o Estado a funcionar melhor, e isso apesar das síndromes do atraso ainda tão comuns no país: clientelismo, populismo e todos os demais 'ismos' que a sociedade rejeita; a captura do Estado pelos interesses particulares, pelos lobbies dos poderosos; e a tendência ao status quo. Apesar de tudo, enxergo melhoras. A enorme exceção é a violência e a criminalidade.

O Estado e sociedade ainda não encontraram uma forma de combater o que vem corroendo o tecido social e tirando a liberdade de tantos em territórios ocupados", avalia Frischtak.

José Márcio Camargo, professor da PUC-Rio e referência nos estudos sobre relações de trabalho e inclusão, me disse que o tempo histórico é diferente do tempo cronológico: "O tempo cronológico é linear, cada minuto é igual, mas o tempo histórico não, às vezes passam séculos e nada de importante acontece na sociedade, e de repente acontece muita coisa ao mesmo tempo. Entre 2017 e 2021, houve uma quantidade enorme de reformas estruturais, que podem gerar crescimento no futuro. Difícil dizer que a sociedade caminhou para trás nos últimos 50 anos. Acho que caminhou para frente. Se vai seguir caminhando, não sei". O economista Luiz Roberto Cunha nos lembra da nossa resiliência. "Um país que passou por todo o período de desorganização da economia, com hiperinflação e planos fracassados, sem ter tido uma guerra está preparado para qualquer experiência, exceto uma guerra. Principalmente os jovens não têm noção do que foram aqueles anos e de como a inflação é a forma mais injusta de concentração de renda, além de desorganizar a atividade econômica", diz.

Marcos Mendes, economista e pesquisador do Insper, acredita nas nossas vantagens comparativas importantes em um mundo que precisará passar por transição energética e preservação ambiental. “Temos amplas áreas de florestas e condições favoráveis para gerar energia limpa e produzir alimentos com baixo custo financeiro e baixo impacto ecológico. Podemos obter retorno financeiro significativo dessas fontes. Geograficamente, estamos longe das áreas de conflito armado e temos relações pacíficas com nossos vizinhos. Em um mundo que tende a entrar em longo período de ameaças bélicas, isso é uma bênção. Também podemos reverter rapidamente o nosso atraso educacional, abrir a economia para torná-la mais produtiva, reorganizar programas sociais para que se tornem mais eficazes e menos onerosos, rever políticas de estímulo ao desenvolvimento regional que se mostraram ineficazes ao longo dos últimos 70 anos, dinamizar o mercado privado de crédito e reduzir a presença do setor público no setor produtivo e financeiro. Removendo essas amarras que nos prendem no subdesenvolvimento e na desigualdade, podemos recuperar o atraso que nos separa das economias mais desenvolvidas”, afirma.

Especialista em inflação e coordenador dos índices de preços da FGV, André Braz destaca nossa superpotência em recursos naturais. “O país é abundante em recursos naturais. A gente só precisa escolher os investimentos certos. Mas há representantes políticos comprometidos com interesses de grupos de poder, em detrimento de interesses coletivos em prol da redução das desigualdades. Isso precisa acabar", diz Braz.

Para o ex-secretário do Tesouro Jeferson Bittencourt, "o Brasil possui vastas riquezas naturais, setores altamente produtivos, uma grande potencialidade e seu maior ativo: um povo forte e resiliente. Nas últimas décadas, o país mostrou capacidade de avançar institucionalmente na direção correta. Reestabeleceu a democracia, acabou com a hiperinflação, fez privatizações e chegou a obter o grau de investimento. O grande problema é que esses avanços não têm sido lineares. Muitas vezes, damos um passo para trás antes de voltar a dar dois para frente e, assim, sustentar estas conquistas. Já provamos que somos capazes de avançar, mas a esperança no futuro do Brasil está em conseguirmos contrariar Roberto Campos: precisamos perder as oportunidades de perder oportunidades".

Lucas Ferraz, coordenador do Centro de Estudos de Negócios Globais da FGV EESP, diz que a gente acaba aprendendo com os erros e caminha devagar. "Me dá esperança ver jornalistas como você. A gente só vai conseguir avançar com as agendas se conseguir traduzir para a sociedade. Vejo avanço no debate da política fiscal. A responsabilidade fiscal é defendida mesmo por governo de esquerda. Vejo o sistema de metas de inflação como uma conquista, um avanço institucional. O modelo de concessão de infraestrutura foi disseminado através das PPPs. Destaco a universalização da educação, embora seja preciso melhorar a qualidade. E é um grande avanço ver o setor industrial defendendo o acordo Mercosul-União Europeia. Há 20 anos, a indústria não queria falar de abertura comercial. Vejo que os economistas brasileiros estão ficando mais tolerantes com as divergências, os debates eram mais acirrados", avalia Ferraz.

Para Roberto Padovani, economista-chefe do banco BV, ainda que haja retrocessos e o movimento não seja linear, os avanços alimentam sua esperança. "A sociedade brasileira nas últimas décadas vem conseguindo enfrentar seus desafios e avançar de modo gradual, constituindo um ambiente institucionalmente melhor. Quando comparado a outros mercados emergentes, não somos a pior história. Isso me deixa animado em relação ao futuro. Nosso passado diz muito sobre a gente", avalia.

Referência em contas públicas, Felipe Salto, ex-secretário da Fazenda do Estado de São Paulo e economista-chefe da Warren Investimentos, ressalta o enorme potencial do país. "Temos produtividade baixa, educação ruim, mas em 40 anos houve mudanças importantes. Houve todo o processo de reordenamento financeiro governamental, transferindo as funções de autoridade monetária do Banco do Brasil para o Banco Central; o fim da conta movimento nos anos 1980, que permitia a liberação de empréstimos fora do orçamento fiscal; a criação da secretaria do Tesouro Nacional, que gere a dívida pública e é referência no mundo inteiro, com sistema tecnológico; e o Sistema Único de Saúde (SUS) é muito melhor do que no passado", avalia Salto.

Ele complementa dizendo que hoje o grande desafio é o equilíbrio fiscal. "Minha motivação, mesmo estando hoje no setor privado, é colaborar para que o Brasil tenha um futuro melhor, contribuir na formulação de propostas para que o Estado seja mais eficiente, que gaste melhor, invista, que mude a vida das pessoas. Acredito que o Estado e o mercado não devem entrar em conflito, e sim andar de mãos dadas. Um não vive sem o outro. Tive a oportunidade de trabalhar no setor público. Temos um serviço público de altíssimo nível, que precisa ser melhor aproveitado. Estão faltando lideranças políticas transformadoras", comenta Salto.

Sergio Firpo, secretário de monitoramento e avaliação do Ministério do Planejamento, diz que teve uma série de privilégios em um país profundamente desigual. "Tenho um compromisso pessoal de contribuir para o desenvolvimento do Brasil. Tenho esperança. Vejo uma janela de oportunidade, com recursos naturais e humanos. É preciso organizar", diz.

Armando Castelar, do Ibre-FGV, diz que estamos avançando, embora o PIB per capita gere uma frustração. "Poderia ter avançado mais. Mas estou mais velho e percebo as diferenças. Os brasileiros estão mais saudáveis e mais instruídos. O nível de educação melhorou muito. É forte a penetração de jovens no ensino universitário. O desafio é transformar esse avanço em crescimento. Já existe bastante diagnóstico dos problemas e soluções. Mas o desafio político não é trivial", avalia.

Também pesquisador do Ibre, Samuel Pessoa brinca dizendo que tem esperança porque não tem alternativa. "Tenho 61 anos. Sou amarrado a este país. Mas, tirando a piada, acho que a gente está evoluindo a reflexão. A gente está melhorando. É um processo muito lento e tem muito retrocesso. Foi um retrocesso grande mudar os critérios de vinculação dos mínimos constitucionais para saúde e educação. Até hoje eu não entendi o motivo desse retrocesso. A gente já tinha resolvido. Crescer zero real (sem reajuste acima da inflação) é pouco, então muda o indexador. Mas indexar na receita não faz sentido. Já deu errado uma vez", comenta.

Mário Mesquita, ex-diretor do Banco Central e economista-chefe do Itaú, destaca a aprovação de uma agenda importante de reformas a partir de 2016. "A maior parte delas não foi desfeita até agora. Então acho que a gente vai colher, se é que já não está colhendo, os frutos dessas reformas. Há uma crescente insatisfação com a nossa performance econômica. A primeira coisa é sair da negação do problema. Acho que a gente está saindo da negação do problema. E acho que tem pelo menos um consenso de que a estabilidade macroeconômica é condição necessária para a economia voltar a crescer de forma sustentável. Mas a gente precisa abandonar as políticas do passado. Não é reeditando, mudando o rótulo, que vamos obter resultado diferente. Fico espantado, como diz a frase do Einstein: loucura é quando você faz a mesma coisa e espera um resultado diferente. A gente tem que abandonar essas políticas e tentar algo diferente", avalia Mesquita.

Para o secretário extraordinário da reforma tributária, Bernard Appy, a reforma tributária é uma experiência muito interessante de que, quando se faz um trabalho sério, identificando os problemas e buscando soluções e a compreensão da sociedade, minimizando a resistência política, é possível resolver problemas. "Dez anos atrás, eu diria que a reforma tributária seria impossível. Perto do que se tinha, é um avanço muito grande. É um desafio fazer um trabalho de construção do conhecimento com a sociedade e a construção de apoio. A reforma da Previdência também é resultado de um trabalho técnico construindo um consenso. O Brasil não vai mudar do dia para a noite, mas muda, sou otimista", declara Appy.

Sergio Vale, economista da MB Associados, me disse que, apesar das dificuldades históricas que o país sempre enfrentou, temos que aproveitar as riquezas existentes para manter as esperanças. "Com a mudança climática, o país se torna naturalmente um produtor cada vez mais relevante de energia renovável e commodities que ajudarão na transição climática. Ao mesmo tempo, a biodiversidade da região amazônica tem potencial de exploração sem degradação. Mas, para isso, será necessário um esforço adicional para que a estabilidade macroeconômica seja mantida e que reformas microeconômicas adicionais aconteçam, especialmente no mercado de crédito e educação", refletiu.

Para Solange Srour, diretora do UBS Wealth Management, a esperança em um Brasil melhor está na nossa capacidade de atravessar momentos econômicos difíceis sem sucumbir a um caminho irreversível. "O país já enfrentou diversas crises econômicas, políticas e sociais, mas sempre demonstrou a força necessária para se reerguer e seguir rumo a reformas estruturantes. Somos um país repleto de oportunidades, muitas das quais ainda podem ser melhor aproveitadas. As mais conhecidas estão ligadas à nossa riqueza natural, especialmente nos setores agropecuário e de energia, mas também há um potencial ainda pouco explorado: a capacidade inovadora da nossa população, particularmente nas áreas de tecnologia e empreendedorismo." Para Armínio Fraga, ex-presidente do Banco Central, "o que mantém a esperança viva é o enorme espaço para melhorar e o ambiente aberto e livre para o debate".

Os depoimentos mostram que tem muita gente trabalhando para melhorar o Brasil. Muita gente acredita no Brasil. Não somos poucos. E não estamos sozinhos na luta.

Saio desta empreitada com a minha esperança renovada.

Espero que alimente a sua esperança também.

referências bibliográficas

ABREU, Marcelo de Paiva (Org.). *A ordem do progresso*: dois séculos de política econômica no Brasil. Rio de Janeiro: GEN Atlas, 2014.

CARAZZA, Bruno. *O país dos privilégios – volume 1*: os novos e velhos donos do poder. São Paulo: Companhia das Letras, 2024.

CARVALHO, José Murilo de. *Cidadania no Brasil*: o longo caminho. Rio de Janeiro: Civilização Brasileira, 2021.

FERNANDES, José Augusto C. (Org.). *A arte da política econômica*: depoimento à Casa das Garças. Rio de Janeiro: História Real, 2023.

FRANCO, Gustavo. *Lições amargas*: uma história provisória da atualidade. Rio de Janeiro: História Real, 2021.

GIAMBIAGI, Fabio; TAFNER, Paulo. *A reforma inacabada*: o futuro da Previdência Social no Brasil. Rio de Janeiro: Alta Books, 2024.

LATIF, Zeina. *Nós do Brasil*: nossa herança e nossas escolhas. Rio de Janeiro: Record, 2022.

MALAN, Pedro. *Uma certa ideia de Brasil*: entre passado e futuro. Rio de Janeiro: Intrínseca, 2018.

MENDES, Marcos. *Por que o Brasil cresce pouco?*: desigualdade, democracia e baixo crescimento no país do futuro. Rio de Janeiro: Campus, 2014.

NÓBREGA, Maílson da; RIBEIRO, Alessandra. *A economia*: como evoluiu e como funciona – ideias que transformaram o mundo. São Paulo: Trevisan, 2016.

ORNELAS, Emanuel; PESSOA, João Paulo; FERRAZ, Lucas. *Política comercial no Brasil*: causas e consequências do nosso isolamento. São Paulo: BEĨ, 2020.

PINHEIRO, Armando Castelar; FRISCHTAK, Claudio Roberto (Org.). *Gargalos e soluções na infraestrutura de transportes*. Rio de Janeiro: FGV, 2014.

SALTO, Felipe Scudeler; PELLEGRINI, Josué Alfredo (Org.). *Contas públicas no Brasil*. Rio de Janeiro: Saraiva Jur, 2020.

SOUZA JR., José Ronaldo de Castro; GIAMBIAGI, Fabio (Org.). *O desafio da produtividade*: como tirar o Brasil da armadilha da renda média. São Paulo: LUX, 2023.

DIREÇÃO EDITORIAL
Daniele Cajueiro

EDITORA RESPONSÁVEL
Janaína Senna

PRODUÇÃO EDITORIAL
Adriana Torres
Júlia Ribeiro
Tiago Velasco

REVISÃO
Bárbara Morais
Laura Folgueira
Alessandra Volkert
Ítalo Barros

PROJETO GRÁFICO E DIAGRAMAÇÃO
Anderson Junqueira

Este livro foi impresso em 2025, pela Reproset, para a Nova Fronteira. O papel do miolo é Avena 80g/m² e o da capa é Cartão 250g/m².